これからの病院経営を担う人材

医療経営士テキスト

第2版

人的資源管理

ヒトは経営の根幹

中 級【一般講座】

米本倉基

6

日本医療企画

はじめに

　本書は医療経営士の養成テキストということで、経営学のサブ・システムである人的資源管理論の基本に沿って構成されている。したがって、まずは業種・業態を問わない一般論を押さえたうえで、医療経営の特殊性に踏み込む手順で学習してもらいたい。

　よく他産業から見て病院のマネジメントは遅れているという指摘を耳にする。しかし、病院は極めて高い公共性を有するがゆえに厳しい規制の縛りがある中で経営をしており、たとえば、雇用形態が多様な医師などの高度専門職集団を束ねる病院組織は、企業組織と優劣を比較できるほど単純ではない。むしろ、筆者が医療経営の世界に踏み入って四半世紀以上の間に、医療経営は他産業に見劣りしないくらい発展を遂げ、その蓄積の成果が本テキストシリーズの刊行として結実している。

　一方で、この発展は、主にアメリカや製造業でその効果が実証されたTQC、カンバン方式、ホスピタルアイデンティティ、満足度調査、目標管理制度、日本版マルコム・ボルドリッチ賞、ISO9001、シックスシグマ、クリティカルパス、オフバランス、バランスト・スコアカード、原価管理……を半周遅れで病院組織版に応用したもので、病院組織オリジナルなマネジメント手法はほとんどないのも実情である。

　しかし、近年、病院マネジメントの産業一般化によって、病院経営には常に効率性や費用対効果が求められている。その一方、たとえばモンスターと揶揄されるクレイマー患者の急増や医療技術の高度化によるハイリスク負担が現場の医師を疲弊させ、人員不足と過重労働で医療崩壊という負の部分が顕著化し、働き方改革は医療経営の一丁目一番地のテーマとなっている。

　これら働き方に関する課題解決策の模範を、社会システムや労働法、慣習が大きく異なるアメリカ式に求め、かつその模倣を外部のコンサルタントに頼りっぱなしの経営では限界が見えている。いよいよ時代は、日本の病院組織の第一線で働く実務家の中から新たなオリジナルなマネジメント手法を求めていると思う。特に働き方改革は、病院経営の主たる目標であった「合理的な効率を追求する仕組み」だけでは解決できない「人の感情も含む暖かいマネジメント」の社会との接続が再認識されることとなる。そういった意味で、この難局を克服するカギは、本書の病院版人的資源管理の活用にあるといっても過言ではない。

　医療サービスにおけるコアの付加価値は、医師や看護師など医療スタッフのモチベーションで成り立っている。ほとんどの医療スタッフは、お金を稼ぐためだけに毎日病院へ出勤してくるわけではない。収支を管理し、スタッフの働きに応じてお金で報い、安定した生活の中から、働き甲斐を感じ、喜びを実感できる組織──すべてのマネジメントはそれ

を目的としなければならない。

　本書によって医療経営の専門家を目指すすべての方が、人的資源管理の理解を深め、病院スタッフを元気にする実践的ノウハウを身につける一助となれば幸いである。

米本　倉基

目 次
contents

第1章

人的資源管理の概要

1 人的資源管理とは
2 日本の人的資源管理の特徴

人的資源管理とは

1　労務管理と人的資源管理

　近年、人のマネジメントを労務管理ではなく人的資源管理（HRM：Human Resource Management）と呼び、別のニュアンスで用いられている。この呼称の変化は、人のマネジメントが働くスタッフを経営資源の重要な財産であると明確に位置付け、その活用へと焦点が進化したことを意味する。人的資源管理は、組織のビジョンや経営目標の達成に向けて、人材の獲得・活用・育成・評価・管理などを中・長期的視点から戦略的に行うことであるが、その目的や考え方は病院組織においても他産業と大きく変わるものではない（図1-1）。

　人的資源管理と近接する経営分野に組織論がある。組織論が、病棟の編成や診療科目の設置、あるいは職員をどの部署に何人配属させるかなど、組織を集団として構造的にとらえるのに対し、人的資源管理では、医師や看護師など専門能力を有する個々のスタッフの職務遂行の過程に焦点を当てる。すなわち、人的資源管理は一人ひとりの個人にマネジメントをテーマとして、その労働意欲を高め、自己の能力を経営戦略達成のために最大限に発揮できる施策を整えるプロセスのマネジメントと言える。

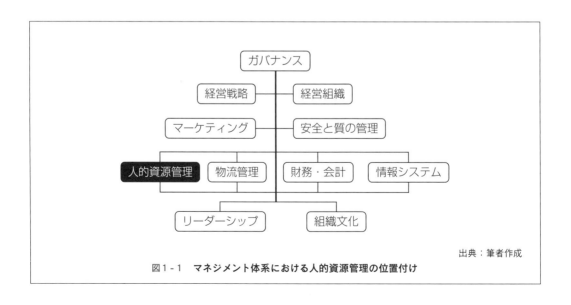

出典：筆者作成

図1-1　マネジメント体系における人的資源管理の位置付け

　現代社会においては、働く人々の価値観や目的が多様化し、派遣、時短、パートタイム、裁量労働制といった就業形態も多様化している。また、国が進める同一労働同一賃金等の働き方改革によって、正職員で終身雇用を前提とした従来型の慣行や管理方式は大きく変わろうとしている。

2　人的資源管理の範囲

　人的資源管理の各施策に絶対不変のものはなく、経営環境の変化に応じて以下の内容を柔軟に再設計していく必要がある。

（1）採　用

　採用は、採用する部署と人数、必要技能と資格、経験、性格、年齢など、現場が求める人材像を明確にする必要がある。また、優秀な人材を確保するためには、採用にあたっての選考方法や選考期間、採用時期のスケジュールのほか、採用後の勤務時間、勤務地、給与、休日などの労働条件をわかりやすく文書で示すことが重要となる。特に専門職種の募集が多い病院では、業務に必要な資格や技能などについて、あらかじめ正確に記載して募集活動を行わなければならない。

（2）人事評価

　人事評価は、職員の仕事の出来映えや取り組み方を測定・評価して、給与や賞与、昇格・昇進などに反映させ、職員が充実した価値ある仕事を続けられるための制度である。最近では、職員のモチベーションや医療サービスを向上させるために、自分でチャレンジしたい仕事の目標を定めて、その達成度を評価する「目標管理制度（MBO：Management By Objectives)」などを人事評価制度に加えている病院もある。

（3）賃　金

　賃金とは、賃金、給料、手当、賞与、その他名称を問わず、労働の対償として使用者が労働者に支払うすべてのものである。退職金、見舞金なども、労働協約、就業規則、労働契約等であらかじめ支給条件が明らかなものはすべて賃金となる。

　賃金には、病院活動の費用、職員の生活費、労働の対価の3つの性格がある。また、その決め方は職員が納得し、モチベーションを高められるように、経済社会の変化に応じて見直していくことが必要である。そのためには、人事評価制度と賃金制度を一体化させ、職員の貢献度に合わせた報酬にする必要がある。

（4）ジョブ・ローテーション

ジョブ・ローテーションとは、職員に多くの仕事を経験させるように、人材育成計画に基づいて定期的に職務の異動を行うことで、一般的に業務を通じた院内教育であるOJT（On-the-Job Training）の一環として行われる。ジョブ・ローテーションには、同一部門内部で行われるものと異部門間で行われるものがある。

（5）人材開発・育成

組織は、現状の業務が円滑に運営されるよう維持しなければならないが、同時に新たな環境の変化に対応するための次世代を担う若手職員の育成を図らねばならない。そのために多くの病院が院内に研修教育制度を整備し、優秀な人材の開発に取り組んでいる。

具体的には、新卒職員へのマナー研修から始まり、入職2年目以降の若手・中堅職員研修や中途入職者研修、階層別研修として、レベルアップ研修やステップアップ研修、専門別研修の院内勉強会や学会参加の補助などがある。さらに管理職のための新任管理職研修、リーダーシップ研修などを実施して職員の能力開発を行う。

（6）労働時間管理

労働時間の管理は、一般的な所定労働時間、休憩、時間外勤務、休日、休暇などのほか、特に病院組織では、準夜勤務・深夜勤務、宿日直、待機などシフト勤務による24時間・365日のサービス体制の維持に大きな特徴がある。最近は、変形労働時間制、裁量労働制、フレックスタイム制や夜勤専任職員の導入など労働時間の弾力化へ向けて多様な勤務形態が登場しているので、病院だけが社会から逸脱した制度とならないよう、その動向にも注視する必要がある。

さらに、病院組織は、女性の割合が高い職場なので、年次有給休暇、産前・産後休業、育児・介護休業、特別休暇（慶弔）、欠勤、休職等の管理は、男女雇用機会均等法も含め適正かつ充実した運用に心がける必要がある。

（7）退職管理

退職には自己都合退職、定年退職、雇用調整のための解雇、懲戒処分による解雇などがある。一定年齢の到達により自動的・強制的に退職となる定年退職は、近年、逼迫する財政等の影響で年金受給資格年齢の変更により定年制度の再検討が求められている。また、雇用調整のためのやむを得ない事情により最終的に行われる解雇は、正職員よりもパートや派遣職員に優先して行われることで、ワーキング・プア等の社会的問題になっている。通常の解雇については30日前に予告するか、予告手当を支払うことが義務付けられるが、実際の運用では、懲戒処分にともなう解雇であっても相当な事由が必要で、不当な解雇は

人事権や解雇権の濫用とされるので、その実施には十分な知識をもって当たりたい。

▌(8) 福利厚生制度

　福利厚生制度は、賃金以外に求人対策や職員の生活の安定・向上、余暇の活用などを目的に病院側が職員のために準備するものである。特に病院では、優秀な専門資格職を獲得するために、健康保険・雇用保険・労災保険などの法定福利以外に独自の福利厚生制度を設けることが多い。具体的には、職員宿舎、託児所、職員食堂・喫茶室、休憩室、保養所などである。

　また、組織への帰属意識を高める目的から、慰安旅行、運動会、クリスマスパーティー、新年会などのレクリエーションやイベントを企画することもある。

▌(9) 労働安全衛生

　職員の健康診断や健康管理、勤務中の事故防止や、その補償(労働災害)など、職場の安全衛生管理は患者に対する医療の質やリスクマネジメント同様に十分な配慮が必要である。それら一連の管理とその充実も人的資源管理の仕事となる。

② 日本の人的資源管理の特徴

1　人的資源管理の成り立ちにおける日米の相違

　人的資源管理が生まれる前のアメリカでは、人事管理はラインマネジャーに任されており、人事部門の役割はあくまで組織間に起こる諸問題の調整役であった。すなわち、労働者への動機付け(インセンティブ)や職場秩序の維持(メンテナンス)は、現場で解決することとして経営トップの関心は低かった。一方、日本においては経営トップから人事部門に責任と権限が委譲されてはいたが、その業務はもっぱら組織内の摩擦を調整し、秩序を維持するメンテナンスに重きが置かれていた。つまり、日米ともに人に対するマネジメントを経営環境の変化に対応した戦略的なものととらえる発想が低かったといえる。

　しかし、1980年代になると、アメリカ企業では人事管理を担うラインマネジャーが職務を過剰に細分化・固定化し、先任権といった硬直的な労働規則を乱用したことで、わずかに新たな職務が発生し、変更するごとに人を採用せざるを得なくなる状況が発生した。その結果、職場の協力が極めて少ない、いわば小さな部品だらけの小型自動車のような組織をつくり上げてしまい、人件費が増大する割には生産性が伸びず、国際競争力を失うことになる。それに対して、日本企業は、協調的な労使関係と職種にこだわらない柔軟な人材配置によるフレキシブルな労務体制によって高い生産性を達成していた。

　この日米間の労働生産性の違いに危機感を持ったアメリカ企業は、日本のようなフレキシブルに労働力を活用する制度の導入を必要とし、トップダウン方式で人的資源管理の開発と導入を進めた。それに対して日本は、1990年代に入ると、いわゆるバブル経済が崩壊し、経済低成長時代へ突入した。それまでの成長を支えてきた終身雇用、年功序列型の協調的な労使関係による人的資源管理の維持が困難となった。そこで、日本は逆にアメリカ流の人的資源管理を輸入することになる。

　このように、アメリカの人的資源管理が現場任せのマネジメントの問題点を克服するために経営トップ層が積極的に現場に関与する経営戦略的なトップダウン方式のマネジメントとして誕生したのに対し、日本の人的資源管理は労務関係の調整と維持に重点を置くボトムアップ方式で成り立ってきた。この経緯の違いを踏まえた制度設計が必要となる(表1-1)。

表1-1 　（従来の）労務管理論と人的資源管理（HRM）の比較

	（従来の）労務管理論	人的資源管理（HRM）
計画性	短期的	長期的
制度的対応	反応的（後追い的） 応急的（場当たり的） 追加的 単発的（非整合的）	先制的 戦略的 本質的 統合的（整合的）
管理的システム	官僚的（中央集権的） 機械的	自主的（権限委譲・分権的） 有機的
従業員観	多元的 集団的	一元的 個別的
利害関係者としての 従業員への配慮	小さい	大きい
従業員のキャリア 形成への関心	低い	高い
従業員の参画度	低い	高い （従業員の満足感を重視）
従業員への信頼度	低い	高い
従業員の役割認識	公式的	弾力的
重視点	コストの低減 （人件費は、変動費）	人的資源の活用度の向上 （人件費は、資産への投資）

出典：D.E.Guest, Human Resource Management and Industrial Relations

2　人的資源管理のメリットとデメリット

　人的資源管理は、経営戦略達成のサブ・システムとして導入されるため、トップダウンで経営環境に迅速に対応できるメリットがある。一方で、経営者側の自由な配置、採用、解雇など、人財を物的資源と同様に扱おうとするトップダウンが過度に行われると、本来スタッフ個人が有する能力や性格の多様性や複雑性が軽視されて、組織に対する忠誠心やモチベーションの低下、離職率の高まりを招くリスクがある。その弱点を補う施策として、内発的なモチベーションなど個々の人材の行動管理に視点を当てた組織行動論の知見、すなわち温かいイメージのマネジメントが人的資源管理に含まれることが必要である。

　特に日本の組織においては、成果主義などのトップダウン型の人的資源管理が当初に目論んだ成果を生まなかった要因として、短期的な業績を過度に重視するあまり、職員一人ひとりの価値観やキャリア志向など、中・長期的な人材育成がなおざりとなって組織全体のモチベーションの低下をもたらしたとも指摘されている（図1-2）。

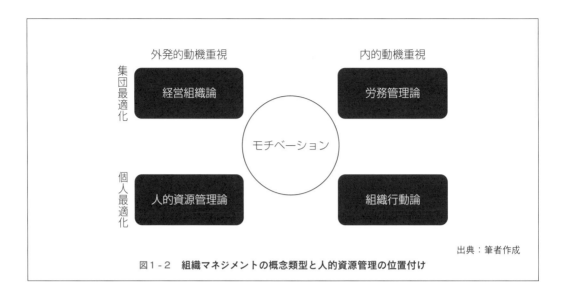

外発的動機重視　　　　内的動機重視

集団最適化

経営組織論

労務管理論

モチベーション

個人最適化

人的資源管理論

組織行動論

出典：筆者作成

図1-2　組織マネジメントの概念類型と人的資源管理の位置付け

問題 1 人的資源管理の説明について、次の選択肢のうち誤っているものを１つ選べ。

［選択肢］

①人事評価では、職員の仕事の出来映えや私生活の態度を測定して給与や賞与・昇格・昇進などに反映させる。

②賃金には、経営活動の費用、職員の生活費、労働の対価の３つの性格がある。

③最近は変形労働時間制、裁量労働制、フレックスタイム制や夜勤専任職員の導入など、労働時間の弾力化へ向けて多くの新たな勤務形態が登場している。

④退職には自己都合退職、定年退職、雇用調整のための解雇、懲戒処分による解雇などがある。

⑤職員の健康診断や健康管理、勤務中の事故防止やその補償（労働災害）など、職場の安全衛生管理は人的資源管理の仕事となる。

確認問題

解答 1　①

解説 1

①×：人事評価は、職員が充実した価値ある仕事を続けられるための制度で、あくまで業務時間内の評価なので、業務時間外の私生活の行動については原則、評価の対象とならない。

②○：賃金は、経済社会の変化に応じて、職員が納得し、モチベーションを高められるように見直していくことが必要である。

③○：特に病院組織は、女性の多い職場なので、法定休日、週休日、年次有給休暇、産前・産後休業、育児・介護休業、特別休暇（慶弔）、欠勤、休職等の管理は、男女雇用機会均等法も含め適正かつ充実した運用に心がける。

④○：通常の解雇については30日前に予告するか予告手当を支払うことが義務付けられており、また、万が一の懲戒解雇は懲戒処分にともなう解雇で相当な懲戒事由が必要である。

⑤○：職場の安全衛生管理は、患者に対する医療の質やリスクマネジメント同様、十分な配慮が必要である。

第2章

組織と人的資源管理

1 組織デザイン
2 病院組織のガバナンス
3 次世代型組織

組織デザイン

1　組織の定義

　本テキストにおけるマネジメントの対象は病院組織だが、組織（Organization）は病院だけではなく企業、学校、軍隊など、さまざまな業種・業態に存在するので、組織の定義はそれらの共通点となる。

　バーナード（C.I.Barnard：1886-1961、米国の電話会社の元社長で経営学者としても著名）は古典的著作『経営者の役割』の中で、組織を「2人以上の人々の意識的に調整された諸活動、諸力の体系」とし、その中で示される「共有された目的（common purpose）」「協働の意識（willingness to serve）」「コミュニケーション（communication）」を組織が機能するための3要素と呼んだ。すなわち、この3要素のうち、ひとつでも欠ければ、それはすでに組織ではなく、人の集団（group）に過ぎない。

　このように、組織には共有された目的が不可欠となるが、実際はすべての職員が自分の所属組織の統一された共有目的を常に意識し、相互に協働とコミュニケーションを良好に維持することは容易ではない。そこで、マネジメントでは、現場の職員に対して共感し、日々の仕事の拠り所となるようなシンプルな経営理念を掲げることによって、いわば日常行動の軸がぶれない組織をつくろうとする。そして、この経営理念を中心軸に据え、たとえば病院組織では、医師、看護師、薬剤師、コ・メディカル、事務職などの異なる専門職が効率的な業務が行えるような分業と統合の連結システムをつくろうとする。この分業と統合のあり方を考えることを組織デザインと呼ぶ。

2　組織の類型

　組織デザインの基本的なスタイルには、職能（機能）別組織、ライン・アンド・スタッフ組織、事業部制組織、マトリックス組織の4つがある。

（1）職能（機能）別組織

　職能（機能）別組織は、ある職務を行うのに必要な能力をもつ職員ごとに分業された下位（サブ）組織によって全体が構成される（図2-1）。多くの場合、その職能に精通した管理

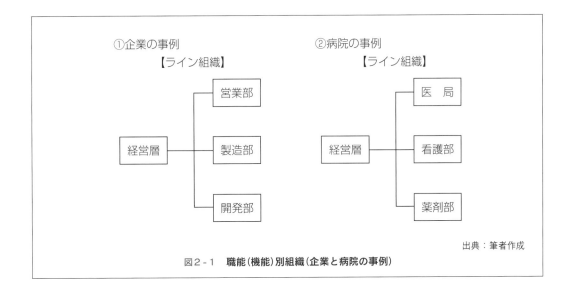

①企業の事例　【ライン組織】

②病院の事例　【ライン組織】

出典：筆者作成

図2-1　職能（機能）別組織（企業と病院の事例）

職が下位（サブ）組織内の権限と上位組織への責任を有する。

　職能（機能）別組織のメリットは、専門的な一定水準の職務遂行能力を有する集団が業務を行うことで指揮命令や業務処理の効率性が高まることや、専門の知識や技術の蓄積が促進されて技術水準と人材育成の向上が期待できることにある。一方で、職能別部門間で協力作業をしようとする場合、専門分野ごとに業務の目的や遂行方法が異なるため、責任と権限の利害の対立が集団として顕在化しやすく、その調整作業が増えると、かえって組織全体としては非効率になるというデメリットがある。

　病院組織は、医師、看護師、コ・メディカル、事務職など多くの専門資格化された職能別組織の共同作業によって成り立っており、典型的な職能（機能）別組織といえる。

（2）ライン・アンド・スタッフ組織

　職能（機能）別組織を、本業の業務を行うライン組織と、本業周辺業務を担当しライン組織を支援するスタッフ組織の2つの職能（機能）に分けた組織をライン・アンド・スタッフ組織と呼ぶ（図2-2）。

　機能（職能）を2つに分けることで、ライン組織は間接業務の軽減と専門業務への集中により生産性の向上が図られる。また、ラインの職能間で発生する摩擦は、スタッフ組織が調整機能を発揮することで解消し、組織全体の円滑な業務運営が得られるというメリットがある。

（3）事業部制組織

　組織内で取り扱う製品やサービス内容、事業所の置かれている地域間のビジネス環境の違いが大きい場合に、製品やサービス、地域ごとに部門（事業部）を置き、各部門（事業部）

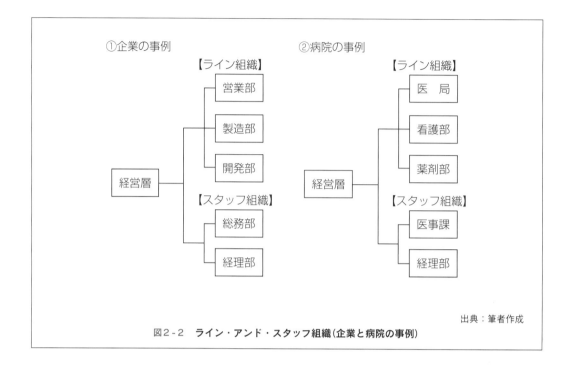

①企業の事例

【ライン組織】

営業部

製造部

開発部

経営層

【スタッフ組織】

総務部

経理部

②病院の事例

【ライン組織】

医　局

看護部

薬剤部

経営層

【スタッフ組織】

医事課

経理部

出典：筆者作成

図2-2　ライン・アンド・スタッフ組織（企業と病院の事例）

内にライン・スタッフ機能を集約させ、より現場に近いところで迅速に顧客ニーズに対応できる機動性を高めた組織を事業部制組織と呼ぶ（図2-3）。

　事業部制による製品やサービス、地域別の分権化は、組織規模の拡大によって生じる機能別組織間の調整作業を減少させ、意思決定の速度が早まると同時に、顧客に対するワンストップでトータルなサービス提供が期待される。さらに、経営者は日常の管理業務を事業部長に委任することで、その煩雑さから解放され、中・長期的な戦略の策定など、高次の意思決定に集中できるメリットもある。一方、デメリットとしては、事業部ごとに人、モノ、資金、情報といった経営資源が分散・重複することで効率的な管理が難しくなる。

　また、それぞれの事業部で業務が完結するので成果が見やすく事業部間の競争が促進される半面、各事業部の利益が全体的な利益に優先する、いわゆるセクト主義に陥るリスクも考えられる。

（4）マトリックス組織

　マトリックス組織とは、多様化する経営環境に迅速に対応することや、組織内の複雑な業務を同時平行的に遂行する能力を高めることを目的として、比較的小人数のプロジェクト組織を恒常化し、タスク横断的に独立性を高めた組織形態である（図2-4）。

　マトリックス組織では、一般的な組織で原則となる命令の一元化をあえて弱めており、プロジェクトメンバー（部下）は、同時に2人の上位者（上司）から命令を受けることを可能としている。もし2人の上司から同時に異なる命令が生じた場合は、あらかじめ命令の優

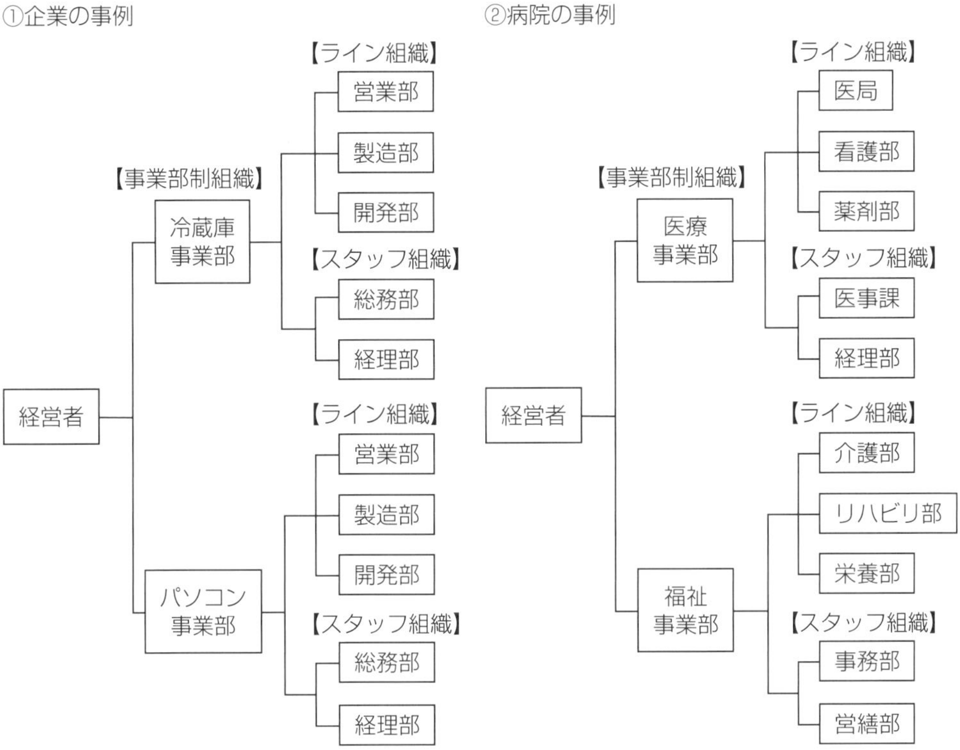

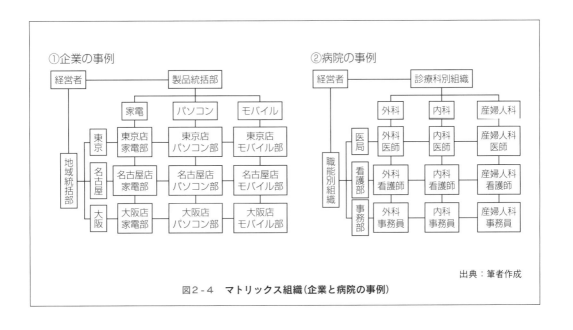

①企業の事例　　　　　　　　　　　　　　②病院の事例

【ライン組織】　営業部／製造部／開発部
【スタッフ組織】総務部／経理部

事業部制組織（企業と病院の事例）

出典：筆者作成

図2-3　**事業部制組織（企業と病院の事例）**

①企業の事例　　　　　　　　　　　　　　②病院の事例

出典：筆者作成

図2-4　**マトリックス組織（企業と病院の事例）**

先順位をルール化しておくか、あるいは状況に応じて自分の判断で効率的な業務処理を行う必要がある。

　マトリックス組織は、構成員に高い業務判断能力が求められること、指揮命令系統に混乱が生じやすいことから一般企業等で採用されることは比較的少ない。しかしながら、職能資格者がそれぞれの職能組織部門の上司の下で働きながら、同時に大きな権限を有する医師の指示を受けて業務を行う病院組織は、典型的なマトリックス組織であり、極めて特殊な組織といえる。そして、これを可能としているのは、病院組織は各職員が統一的なルールの下で自己判断できる極めて高度なエキスパート集団だからだと言える。

3　病院組織の特徴

▌（1）病院組織の構造

　一般的に病院組織は、専門化された職能別組織で構成され、具体的には、診療部門、看護部門、薬剤部門、医療技術部門、事務部門の5つの基本的な部門から構成される。また、医療法第10条では「病院又は診療所の開設者は、その病院又は診療所が医業をなすものである場合は臨床研修修了医師に、歯科医業をなすものである場合は臨床研修修了歯科医師に、これを管理させなければならない」と定められており、組織全体の管理者である院長は、医師または歯科医師の資格を有する必要がある。

　病院組織の特徴として、主に次の3つが挙げられる。

①営利よりも医療を通じての公共サービスを第一義的な目標とする非営利的規範意識が強い。そのため、経営における効率が軽視されがちである。

②専門職が多く、それぞれが専門職としての主体性と自律性を過度に主張する傾向にある。そのため、各専門職集団が対立関係となって組織としての管理活動にも非協力的になりやすい。

③業務活動は、組織の末端における医師の診断的意思決定によってオーダーが発生し、そこから各部に波及するパターンをとる。そのため、院長などのトップダウンによらない医師の独立性が強くなり、トップの指示と現場の医師の指示に矛盾が発生する場合は、どちらを優先するか現場が判断しなければならない。

　こうしたコンフリクト（葛藤）や矛盾は、医師は医局、看護師は看護部というように職能集団への帰属意識が強く、集団内で守りあう閉鎖的な意識、すなわち集団凝集性や同調性が発生しやすいことが原因である。特に強い権限を持つ医師と他の専門職との間には、専門職としての自律性相互の対立は生じやすく、この対立は結果として患者への医療サービスの低下につながりかねない。また、最悪の場合には医療事故発生の原因ともなるので、

その弊害を解決するためのチーム医療の推進が求められている。

(2)看護組織の変遷

　病院内の職能集団で最大人数を占めるのが看護部門であることから、看護職に対する人的資源管理は病院経営にとって重要となる。

　日本の近代的な看護組織の歴史は、明治期の1880年代に看護婦取締－副看護婦取締－看護婦長－看護婦の職制が明確化され、1900年代には先進的な病院で総看護婦長が設置され、病院組織内で看護組織が医師集団から一定の権限と責任の委譲によって独立した体系的機能を確立し始めた。そして、戦後のGHQによる指導により、各国立病院に総看護婦長制度が導入され、病院長－副院長－総看護婦長－副総看護婦長－看護婦長－主任看護婦－看護婦とする現在まで続く看護組織の原型が整った。

　しかし、今なお病院経営幹部のほとんどは医師である。また、日常的な医療サービスにおけるオーダーは医師から受けるため、看護部門の意見は病院経営に反映されにくく、しばしば医師集団と看護集団の間で摩擦が発生する。そして、この職種間のコンフリクトは、医師集団が圧倒的に有利な立場で優先されると、看護部門全体のモチベーションを低下させ、医療サービスの質に影響を与える。最近では、その克服策として看護組織から副院長ポストを選出し、医師組織から独立した機能を持ち、相互に補完できる体制をより強化する動きが見られる。

4　病院組織のマネジメント

(1)病院マネジメントの開花

　日本の病院組織の多くが、戦後、医師個人の家業である開業医から事業を拡大し民間病院へ成長した。それに対して欧米の病院組織は、宗教組織である修道院を起源とする患者の施療院を起源としていることから、ナイチンゲールによる看護の科学的な研究と実践が広く知られるように公的施設としての社会的な位置付けが強い。よって、病院組織の長は、医師や医師集団の代表者である必要性は日本よりも低く、病院管理の創始とされるワシュボーン・ハウランドによる病院管理者の専門教育の提唱や、19世紀の産業革命によって発展した工場における「マネジメント(経営管理)」の病院組織への導入へプラスに影響している。

　欧米において病院マネジメントが大きく開花するのは、1918年に起こった病院標準化運動(hospital standardization movement)が始まりとされる。この運動は、それまで病院組織内における患者の諸記録すら満足に整えられていない状況に対するアメリカ外科学会の危機感によって起こり、組織的な病院マネジメント(医療における経営管理)の体系化

への契機となった。

　そして、1927年にはイギリスのストーンによって『Hospital Organization and Management』、1935年にはアメリカのマッケクレンによって『Hospital Management』といった書籍が発刊され、第二次世界大戦後のアメリカ、フランス、ドイツなどでは大学院レベルの教育が行われ、高度職業専門家としての病院経営管理者の養成につながっていく。

■（2）病院経営管理者の育成

　明治維新後、西洋医学を導入したわが国では、地域医療の担い手を主に小規模な民間病院、または開業医に依存していた。そのため戦前までの病院マネジメントは家業的であり、オーナーである院長のいわば経験と勘によるもので、体系的で科学的な人的資源管理は欧米に大きく遅れをとっていた。

　しかし、第二次世界大戦後、占領軍の勧奨によって欧米スタイルのマネジメント手法の研究と普及を担う国立医療・病院管理研究所が開設されたのを契機に、病院経営管理者の教育が始まり、病院経営管理者が全国に輩出されるようになった。大学教育においても、1953（昭和28）年に大学医学部において病院管理学教室が初めて開設され、病院管理学を専門的に研究・教育する場を医学部内に設ける動きが進んだ。

　現在では医学部以外にも、経済・経営など社会科学系で医療経営の専門職を養成する学部、学科が設置されている。さらに、今日では欧米に倣って高等職業専門大学院でも病院マネジメントの修士号や博士号の学位が得られるようになった。

② 病院組織のガバナンス

1 トップ・マネジメントの役割

　ファイヨール(J.H.Fayol：1941-1925、フランスの企業経営者、経営学者で管理過程学派の始祖)は、経営全体を統括する経営者の行動が組織の発展に大きく影響するとしたうえで、経営者、すなわちトップ・マネジメントの役割について、次の6つを示した。
①技術的活動
②商業的活動
③財務的活動
④保全的活動
⑤会計的活動
⑥管理的活動

　さらに、これら6つの役割のうち大規模な企業のトップが担うマネジメントにとって最も必要な役割は、管理的活動であるとしたうえで、その管理的活動には次の5つが重要であるとした。
①予測
②組織化
③命令
④調整
⑤統制

　これは企業経営者のみならず、現代の病院経営者にも求められる基本的な機能である。また、この流れをくむ代表的な管理手法のひとつであるPDCAサイクル(Plan-Do-Check-Action：計画・実施・評価・修正)は、病院組織の目標管理制度として応用されている。

2 ガバナンス

(1)ガバナンスとは

　ガバナンス(governance)とは、管理、支配、統治と訳される。一般的に人的資源管理

では、コーポレート・ガバナンス（企業統治）として議論され、組織や社会に関与するメンバーが主体的に行う意思決定、合意形成のシステムを指す。具体的には医療法人であれば、社員総会や理事会などの機関を通して行われる。

　ガバナンスの構築には、組織の所有権とステークホルダー（利害関係者）を明らかにする必要があるが、わが国の病院組織は非営利組織である社会的資本とする意識が強く、資本や資産の効率的な活用の意識が希薄なガバナンスによって経営される場合も少なくない。

■（2）ウェーバーによる支配の三類型

　ウェーバー（M.Weber：1864-1920、ドイツの社会学者、経済学者で社会科学の分野で多大な功績を残した）は、企業や病院など、その事業目的の違いを問わず人が人を支配するパターンを次の3つに類型化した。

①合法的支配

②伝統的支配

③カリスマ的支配

　そのうち合法的支配は、最もその特徴を採用している組織が役所であることから、官僚制とも呼ばれる。官僚制の特徴は、官職の権限と上下関係を規則により明確に規定し、常に職務執行は文書に基づいてなされ、特別な専門教育を前提とした職務活動を規則にしたがって行うことにある。官僚制では組織内の運営は機械的に、職務の遂行は好みや利害など人間としての感情要素を徹底的に排除することによって達成されるが、組織内の人間関係は極めて非感情的で冷たい関係にならざるを得ず、行き過ぎた官僚制がかえって組織の機能を低下させる「官僚制の逆機能」の存在が指摘されている。たとえば、旧国立病院や自治体病院など公的病院のサービスが悪いのはそのためであると問題視され、公的病院の民営化を加速させた要因とも言われる。

■（3）病院組織におけるガバナンス

　わが国では、病院組織のガバナンスが医師の独占であるため外部からのチェック機能が働かず、患者ではなく、組織の利益を優先する閉鎖的な経営となる傾向が強いとされ、経営の透明性向上やガバナンスの構築が喫緊の課題であった。これに対して2015（平成27）年の医療法改正では、一定規模以上の医療法人に外部監査が義務付けられることとなった。さらに、特定機能病院の医療安全を巡っては、大学病院における深刻な死亡事故を契機として2017（平成29）年に医療法が改正され、外部監査委員会の設置が義務付けられた。また、2019（平成31／令和元）年には厚生労働省の「特定機能病院及び地域医療支援病院のあり方に関する検討会」において、特定機能病院の新たな要件として、第三者評価を受審したうえで、審査状況と指摘事項への改善策を公表することの義務化が検討されている。

　一方、病院組織のガバナンスのスタイルは、民間病院と公的病院とでは大きく異なり、

マネジメントのサブ・システムである人的資源管理の選択には、病院ごとのガバナンスのスタイルを十分に考慮する必要がある。具体的には、理事長を中心とする同族的な経営層によってガバナンスされている中・小民間病院と、自治体病院のように官僚的な制度によって運営されている公的病院とでは、雇用契約、給与、評価など広範囲にわたって人的資源管理の方法は異なる点に注意を要する。

加えて、これまでの病院は外部のステークホルダー(利害関係者)を軽視しがちだったが、病院が地域社会の公共的資源との認識が高まる中、地域住民、納入業者など、組織の外部関係者との人間関係を良好に維持することが重要になってきている。特に厳しい経営環境のもとでは物品納入や金融機関といった取引業者との契約などには、常に注意を払う必要がある。

3 組織文化

(1)文化とは

文化とは、衣食住をはじめ、技術、学問、芸術、道徳、宗教、政治など生活形成の様式と内容を含んだ物心両面の成果であり、多様な側面を持つ。とりわけ組織文化は、組織成員が生み出し、共有している価値観、信念、哲学、考え方、規範などを指す。

たとえば、医療現場では人事異動で職場が新しくなった際に、その部署のやり方や暗黙のルールに違和感を持つことがある。それとは逆に、長年の慣行によって、そのやり方や暗黙のルールがいったん日常化してしまうと、実行している本人たちも、実行している理由をはっきりと理解できていなかったりすることがある。このような組織が持つ独特の慣行などを組織文化と呼び、組織文化は経営の諸活動に少なからず影響を与える。

(2)組織文化のレベル

シャイン(E.H.Schein:1928-、現マサチューセッツ工科大学スローン校名誉教授。組織開発、キャリア開発、組織文化に関する著名なアメリカの社会心理学者)は、組織文化を次の3つのレベルから捉えている。

①第1レベル

人工物と名付けられたレベルで、室内のレイアウト、ドレスコート(制服のデザインや色など)といった目に見える形で組織の特徴を示すものである。たとえば、豪華な応接セットの院長室のある組織と、院長室が事務室の横の部屋で声をかければ院長が出てくるような病院とでは、見た目はもちろんのこと、その配置の姿に組織文化の違いがあることが推測できる。

②第2レベル

価値観により構成されるレベルである。たとえば、職位の上下にかかわらず、自分の考えを率直に伝えることができる雰囲気であったり、その逆に規則が厳しかったりと、その組織のメンバーに共有されている上下関係への価値観に違いがあるのがこのレベルである。

③第3レベル

基本的仮定と呼ばれるレベルである。このレベルは組織のメンバーに共有された価値観が前提となって、組織の外からはもちろん、メンバー自身も言語化できない独自のらしさや、その組織に所属することで自分も周りも気づかないうちに身に付けていく暗黙の思考・行動のパターンである。

(3)病院の組織文化

病院組織は典型的なヒューマン・サービス組織である。ヒューマン・サービスとは、医療、教育、福祉などの公共サービスを提供する組織の総称であり、特に病院組織は、診療部門、看護部門、診療技術部門、事務部門など、異なる教育的背景や職務的な価値観を持った部門が混在する特徴があり、各部門の利害関係が錯綜し、組織内に葛藤を抱え込んでしまう場合も少なくない。そのため、多くのヒューマン・サービスでは、この種の葛藤が表面化することを避けるため、他部門へ干渉しないことを不文律とする傾向がある。しかし、このような相互不干渉の組織文化は、職種間の独立性は保てるが、各職種が相互に連携していくチーム医療を困難にする要因ともなっている。

(4)組織文化のマネジメント

組織文化のマネジメントとしては、次の3つがある。

①新しい文化を創造するための改革マネジメント

組織文化は、一致団結といった組織の集団凝集性や阿吽の呼吸による生産性を高めることにメリットがあるが、一方でその組織文化が外部環境の変化に適応せず時代遅れになった場合には、その改革を遅らせ、変化を阻害するマイナスの影響を与える場合がある。この経営環境の変化に対する組織文化の改革は、さまざまな抵抗によって容易ではなく、管理者は組織の責任者として公式のポジションのパワーを使い、リーダーとして自分が新たな組織文化を創出していくという自覚を持たなければ成功に至らない。

具体的には、新たな共通の価値観をスタッフに適切に浸透させることができるリーダーを各下位組織の部門に配置し、その下位組織を通して、新たな文化の集約を図って組織文化の改革を行う施策がある。

②下位文化のコンフリクト・マネジメント

組織の各部署・部門には、いくつかの下位文化が存在し、それらの下位文化ごとに微妙

に価値観は異なるので、それが組織改革においてコンフリクトを発生させる。このコンフリクトの解消には、その価値観に基づく下位文化を最初から否定せずに、まずは相手の価値観を認め、異なる文化を持っていることを理解したうえで話し合うというスタンスを続けるこが有効である。

　また、2つの下位文化が対立する場合、その中間的な下位文化に所属している人たちを仲介役として巻き込むといった解決方法も考えられる。

③ミドル・マネジャーの文化へのマネジメント

　一般的にミドル・マネジャーの能動性が高い組織では、業績も高くなることからミドル・マネジャーの組織文化が業績に大きく影響すると言われている。すなわち、ミドル・マネジャーの上司からの指示・命令を部下に伝える能動性と部下の状況を上司に報告する能動性を高めるには、トップ自らが新たな基本的仮定の改革をミドル・マネジャーに伝達し、ミドル・マネジャーの組織文化の改革によって、組織全体に新たな組織文化の浸透を図ることが有効とされる。

③ 次世代型組織

1 ティール組織

（1）ティール組織とは何か

　近年、経営組織論の分野でトップダウン的な階層構造ではなく、職員が相互に共同体としてフラットな構造で結合する新たな組織として「ティール組織（Teal Organizations：略してティール）」が注目されている。

　ティールとは、ラルー（F.Laloux：アメリカのマッキンゼー社の元経営コンサルタント。ティール組織進化論の提唱者として注目される）によって紹介された組織形態で、次の3つの特性を有する完全なフラットな組織のことである。

①セルフマネジメント（自主経営）
②ホールネス（全体性）
③存在目的・組織の慣行

（2）組織形態における5つの発展段階

　ティールの語源は青緑色のことで、組織形態における5つの発展段階を色で表し、最終段階まで進化した組織形態をティールと呼ぶ（表2-1）。組織形態の5段階は、古い組織形態から順に次のようになっている。

①Red（赤：衝動的）

　特定の個人の力によって支配され、力のない者は支配者に服従することで安全や安心感を得て、恐怖と服従の関係で成立し、正式な階層や役職が存在しない組織段階。

②Amber（琥珀：順応的）

　厳格な上意下達の命令系統によるピラミッド構造の組織段階。

③Orange（橙色：業績的）

　Amberの構造を残しつつ、競争環境が活発化して、時代が有効性を軸にした実力主義を歓迎するのに対応したイノベーションが生まれやすいプロセスを重視する組織段階。

④Green（緑：多元論的）

　Orangeで発生する物質主義、社会的不平、コミュニティーの喪失などの問題を克服す

表2-1　ラルーによる組織進化の類型

象徴色	Red（赤）	Amber（琥珀）	Orange（橙色）	Green（緑）	Teal（青緑）
特　性	衝動的	順応的	業績的	多元論的	進化的
典型・メタファー	マフィア、ストリートギャング	軍隊、教会	「機械」としての組織	「家族」としての組織	「生態系」としての組織
もたらされたブレイクスルー	・労働の分配 ・トップダウンの権威	・複製可能なプロセス ・安定的な組織図	・イノベーション ・説明責任 ・実力主義社会	・権限移譲 ・価値志向文化 ・ステークホルダーの価値	・自己管理 ・全体性 ・進化的目的

出典：籏康之，病院組織における経営マネジメント職の人材開発―人材の差異化促進へ向けた今後の展望―現在社会文化研究 No.66.p211（2018）出所 Laloux（2016）

るためにピラミット構造を残しつつも従業員の多様性を尊重し、家族のようにお互いに助け合い、話し合うことでエンパワーメントを引き出す組織段階。

⑤Teal（青緑：進化的）

ピラミット構造ではなく、経営者・中央からの指揮も統制もない、個人に合理性だけを求めるのではなく、生きがいなどプライベートな部分にも焦点を当て、個人の全体性を重視する自律的な生態系をメタファーに持つ組織段階。

（3）組織進化における3つのブレイクスルー（突破口）

また、組織がティールに進化するためには、セルフマネジメント（自主経営）、ホールネス（全体性）、存在目的・組織の慣行の3つのブレークスルー（突破口）が必要だとし（表2-2）、その具体的要件は、「構造」「人事に関する運営」「日常生活」「主な組織プロセス」の4つの概念の下で33個の要件項目で構成されるとしている。

1つ目の「構造」には、次の4個の要件項目がある。

①セルフマネジメント（自主経営）をチームで行う組織構造

②経営幹部による定例ミーティングはなく必要に応じてメンバー間で行われる調整

③徹底的に簡素化され計画や予算は最小限か、あるいはまったくなくて自発的に優先順位付けがなされるプロジェクト

④人事・IT（情報技術）・購買・財務・管理・品質・安全・リスク管理などの間接業務は外部の助言を受け各チームの自発的なタスクフォースが担うスタッフ機能

2つ目の「人事に関連する運営」には、次の10個の要件項目がある。

①同僚スタッフ全員との直接面談によって組織目的の共有が重視される採用

②組織に溶け込むための人間関係と組織文化の徹底的な研修のオンボーディング

③自由と自己責任で受ける教育研修

表2-2　ティール組織の3つのブレークスルー（突破口）

セルフマネジメント（自主経営）	ホールネス（全体性）	存在目的・組織の慣行
・固定された構造がない ・個々が意思決定（セルフマネジメント） ・意思決定の前に関係者や専門家の助言が必要 ・発案や協力は個人の自由に決めることができる ・自発的な意思によって仕事をこなす	・研修は自ら企画し、実績は組織全体で行う ・プライベートも含め、個人全体の情熱や学習経験、指名などを評価 ・個人の能力すべてを求める	・個人の使命に関心がない ・存在目的を重視 ・組織の方向性を感じ取り自分で行動する ・競争という概念がない ・競争がないためプレッシャーがない ・個人の使命とその時期の存在目的の交差点を探る

出典：『ティール組織』F.ラルー（2019）

④役職がなく決まった職務内容の代わりに流動的できめ細かな役割が多数存在する役職と職務内容
⑤個人の使命と組織の目的の交差点を探る個人の目的
⑥仕事と生活の割合についての誠実な話し合いがなされ、約束が守られている限り労働時間には高い柔軟性がある業務時間の取り決め
⑦チームのパフォーマンスに注目し個人の評価は同僚間の話し合いに基づいて決定され、評価のための面談はその人がこれまで何を学んだか、その人の使命は何かを探索する実績管理
⑧基本給は他の社員とのバランスを考えながら自分で定め給与の差は狭く賞与もないが全社員平等の利益配分がある報酬
⑨昇進はないが同僚間の話し合いに基づく流動的な役割の再配分があり、自分の権限外の問題について率直に意見表明をする責任がある任命と昇進
⑩仲介者の入る紛争解決メカニズムを持つがそれは最終段階で実行は極めて稀であり、もし行ってもそれを学習機会へと転換するための支援がある解雇

　3つ目の「日常生活」には、次の9個の要件項目がある。
①自分たちで飾り付けた、温かい雰囲気があり、家族に開放されているオフィス空間
②エゴを抑え全員の意見に耳が傾けられる慣行があるミーティング
③専門家の助言プロセスに基づき完全に分権化された意思決定
④問題を明らかにし対処するための時間と仕組みが用意され、全員がその対処方法の訓練を受けて当事者と仲介者以外には知らされず部外者が引きずり込まれることはない紛争
⑤財務や報酬を含めあらゆる情報は外部に対して完全に透明で、存在目的をうまく達成するための部外者からの提案が歓迎される情報フロー
⑥組織内で受け入れられる、あるいは受け入れられない行動態度の基本ルールが具体化さ

れ、働く人々の安全な環境を守る基本ルールについての議論が深められる価値観
⑦静かな部屋で集団での瞑想と沈黙、振り返り会などチームによる相互チェックと仲間同
　士でのコーチングがある内省のための空間
⑧どのような雰囲気が組織の存在目的に資するかを常に感じ取れる気分管理
⑨自分をさらけ出して物語ることができるコミュニティーの構築

　4つ目の「主な組織プロセス」には、次の10個の要件項目がある。
①組織は自らの存在目的のみを拠り所として行動し、競争とは無関係に、たとえ競合する
　他者であったとしても、それを受け入れ共に社会の存在目的を追求する
②自主経営マインドのあるスタッフによる集団的な知性で自然発生的に現れる戦略
③何を提供するかは存在目的によって定め、直感と美によって導かれるイノベーションと
　製品開発
④存在目的への適合度で選ばれるサプライヤーの管理
⑤チーム全体投資予算はチームメンバー間の話し合いで決定され、その範囲内であれば誰
　かの承認は必要なく、使うことができる購買と投資
⑥顧客への提案が重視され営業目標がない営業とマーケティング
⑦感覚と反応に基づき予算や予実分析はなく感覚と素早い反応で簡素化されたプランニン
　グ・予算策定・管理
⑧誠実になすべき正しいことを誰もが始められる環境と社会への取り組み
⑨組織は環境変化に合わせて常に内部から変化しているので変革意識がない変更管理
⑩関連する人であればだれでも集団的な知性に頼ってベストの反応を得ることができて、助
　言プロセスを停止しなければならないときには停止の範囲と期間が定められる危機管理

▌（4）ティール組織の成功事例

　ティール組織の成功ケースとしては、オランダで創業された地域密着型の訪問看護組織
ビュートゾルフ（Buurtzorg：以下BZと略す）が有名である。
　BZは、2007年にたった4人の従業員（看護師）からスタートして、2016年には従業員
数約8,000人、チーム数約750チーム、利用者数約6万人に急成長した一方で、本部スタッ
フ約40人、コーチ人数約15人と少なく、業績も間接経費は約8％と低く、その結果、利
益率約8％、売上約230百万ユーロを達成した。また、離職率約5％、病欠率約3％、応
募者数約100－150人／日、新卒者率約10％といったパフォーマンスを達成する組織で
あり、医療分野においても次世代型組織として注目されている。

2　ホラクラシー組織

　ティール組織と同様に次世代型組織として注目されるのがホラクラシー組織である（図2-5）。ホラクラシーとは、2007年にロバートソン（B.Robertson：1956-、米ソフトウエア開発会社の創業者）が提唱した階層や上司・部下の関係が一切存在しない組織体制のことである。

　ホラクラシーを実現するためのメソッド・ルールも存在し、運用はこのルールに則って進められる。ホラクラシー型は大きなサークルのなかにそれぞれの役割（ロール）があり、個々の裁量と意思決定によって役割は分担され、協働で仕事を行うので、階層や上下関係はない。しかし、完全に自由に働くわけではなく、管理はないがルールはある組織となっている。

　初期段階では、リードリンク、ファシリテーター、セクレタリーの3つの役割（ロール）が設定される（図2-6）。リードリンクとは、組織の目的実現、戦略や重要指標を示し、メンバーの役割（ロール）への配置などの主要な役割を担うことで、ファシリテーターは、ミーティングでの進行役、セクレタリーは、ミーティングの開催案内や記録をする役割である。また、組織の目的実現のためにガバナンスミーティングを行い、その都度、組織に必要な役割（ロール）が創設や見直しをメンバー間で意見交換をしながら業務を進める。さらにチームの目的の実現方法や課題などの提案内容をテンションという形で募集し、この提案に寄り添って反対ラウンドや統合ラウンドといったプロセスを通じて磨いていくことが特徴である。

　ホラクラシーはピラミッド型のヒエラルキーがなく、メンバー全員で意思決定をしてい

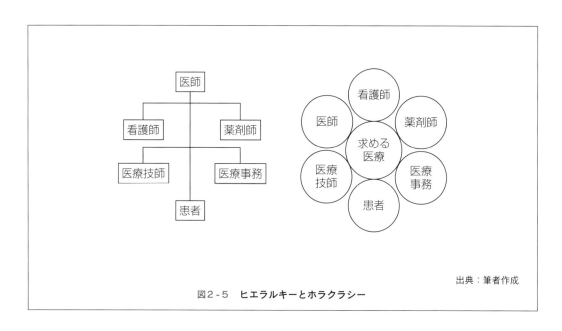

出典：筆者作成

図2-5　ヒエラルキーとホラクラシー

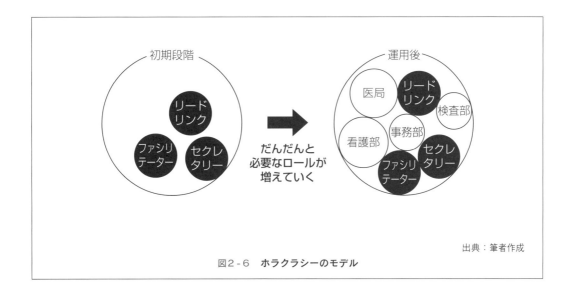

図2-6　ホラクラシーのモデル

出典：筆者作成

くなど、ティール組織と共通も多いが、同じではない。たとえば、ティール組織がメンバー一人ひとりの自律的判断で機能する組織概念であるのに比して、ホラクラシー組織は、厳密なルールのもとに運営される実践的な経営手法である。

問題 1 組織デザインについて、次の選択肢のうち誤っているものを１つ選べ。

［選択肢］

①職能（機能）別組織は、職務の内容別に分業された下位（サブ）組織によって全体が構成される。病院組織では、医局、看護部、中央検査部、医療事務部である。

②ライン・アンド・スタッフ組織では、本業周辺業務をラインが、本業をスタッフが担当する。病院組織では、ラインに総務部、スタッフに看護部がある。

③事業部制組織では、現場に近いところで迅速に顧客ニーズに対応できる機動力が高まる。病院組織では、分院、サテライト診療所がある。

④マトリックス組織では、部下は同時に２人の上司から命令を受けることもある。病院組織では、看護スタッフは師長と医師の２人から命令を受ける。

⑤プロジェクト組織は、特定の目的を達成するためにメンバーが集まり、目的が達成したら解散する。病院組織では、院内で臨時に開催される委員会、検討会である。

解答
1

②

解説
1

①○：職能(機能)別組織は、ある職務を行うのに必要な能力を持つ職員ごとに分業された下位(サブ)組織によって全体が構成される。職能(機能)別組織のメリットは、同じ専門的職務遂行能力を有する集団で業務を行うことで指揮命令や業務処理の効率性が高まることや、専門の知識や技術の蓄積が促進されることで技術水準と人材育成の向上が期待できる。

②×：ラインとスタッフの説明が反対である。ライン・アンド・スタッフ組織は、本業を行うライン組織と、本業周辺業務を担当し、ライン組織を支援するスタッフ組織の2つの職能(機能)に分けられる。

③○：事業部制のメリットは、分権化によって、機能別組織で必要となった各部門間の調整作業が減り、意思決定の速度が早まると同時に、顧客サービスの提供をワンストップでトータル的に提供できることにある。

④○：マトリックス組織とは、原則となる組織内の命令の一元化をあえて弱め、プロジェクトメンバー(部下)は、同時に2人の上位者(上司)から命令を受けることも多く、同時に異なる命令が生じた場合、命令に優先順位付けをするなどして自分の判断で効率的な業務処理を行う高い判断能力が必要となる。

⑤○：病院組織は、多くの専門職が協同して業務を行うことから、各部門が協力して組織全体に関する活動を行う場合には、組織内に部門横断的なプロジェクト組織である委員会を臨時で設置し、各部門から代表者が委員となって参加することが多い。

第3章

モチベーション

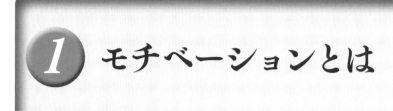

1 外発的動機付けと内発的動機付け

　モチベーションとは、動機付けと訳され、いかにして人がやる気を出し、行動につなげられるかのプロセスを意味する。報酬や評価などの目標によって人の欲求が刺激され、それが行動につながるという仕組みであり、人に刺激を与える目標となるようなものを「誘引 (incentive)」と呼び、それに対して自分の内面から行動に駆り立てるものを「動因 (drive)」と呼ぶ。

　また、外部からの報酬によって人の内部にある動因が刺激され動機付けられることを「外発的動機付け」とし、それに対して、外部からの報酬ではなく自分の好奇心を刺激され行動するような場合を「内発的動機付け」とする（図3-1）。つまり、内発的に動機付けられたとき、仕事や勉強そのものは外発的報酬を得るための手段ではなく、それ自体が目的となっている。

　特に仕事におけるモチベーションは、ワーク・モチベーションと呼ばれ、産業・組織心理学などの分野を中心に多くの研究がなされている。

　　　　　┌─ 金銭的報酬…給与、賞与など
外発的　　│　　■組織や上司の欲求との合致が条件■
動機付け　└─ 非金銭的報酬…役職、賞賛など

　　　　　┌─ 内容…目標、達成感など
内発的　　│　　■個人の欲求との合致が条件■
動機付け　└─ 過程…仲間意識、没頭など

出典：筆者作成

図3-1　動機付けの体系

2　内容理論と過程理論

　人間が動機付けられる際の欲求の中身に焦点を当てた考え方は、モチベーション理論の中でも内容理論といい、それに対して動機付けの過程（プロセス）に焦点を当てたモチベーション理論を過程理論と呼ぶ。内容理論は何が行動を活性化するのかという「What」に相当する理論であり、過程理論は行動がどのように維持・持続されるのかという「Why」や「How」に相当する理論である。

　代表的な内容理論と過程理論については、次節以降で詳述する。

3　科学的管理手法による動機付け

　人的資源管理の歴史は、アメリカで誕生した工場におけるテイラー（F.W.Taylor：1856-1915、米国の技術者、経営学者で科学的管理法の父と称される）による科学的管理手法までさかのぼる。それまでは請負人（親方）が、工場所有者と労働者の中間の階級で大きな裁量権を持っており、科学的根拠に乏しい経験や勘による成り行きまかせの管理をしていた。

　科学的管理手法は、これを抜本的に見直して労働者へのノルマである課業を科学的、客観的基準に基づいて設定した。また、差別出来高賃金払い制度を採用し、労働者が標準時間で課業を達成した場合には、予定の賃率よりも高い賃金を支払い、達成できなかった場合には低い賃金を支払うという競争心を用いた動機付けを働かせた。

　さらに、職能別職長制を導入し、作業分担グループ、すなわち職能ごとに専任の職長を設けて、労働者の注意をすべて作業に集中させて生産性の向上を促進させ、作業者間で発生する諸問題はこの職長に調整させた。これらは現在の人的資源管理の理論的な起源となった。

4　人間関係論

　テイラーの古典的な科学的管理やウェーバーの官僚制のような仕事の合理性追求は、当時の産業界からの要請であった大量生産・大量販売に必要な生産性の向上に大きく貢献した。しかし、一方で労働者をあたかも機械のように非感情的な作業者として扱うので、労働者からの不満の声が問題となった。

　これに対して、メイヨー（G.E.Mayo：1880-1949、元ハーバード大学経営大学院教授で人間関係論の創始者）やレスリスバーガー（F.J.Roethlisberger：1898-1974、元ハーバード大学経営大学院教授）らは、「人間は個人的な感情と人間関係に規定されて行動する社会人である」ことを前提とした人間関係論を体系化した。すなわち、組織は公式なルール

（フォーマル）には定められていない感情（インフォーマル）が相互に影響し、その感情は組織の生産性に大きく影響しているとした。

　たとえば、病院組織内においても、医師や看護師等の医療スタッフは患者に対して、機械的に注射や処置を行い、生活の糧となる賃金を得るためだけに無感情で職務を遂行しているわけではない。患者から感謝され信頼できる同僚と一緒に困難な仕事を克服したときの達成感、喜びや連帯感があるからこそ新たな仕事への意欲が得られるのである。

　メイヨーやレスリスバーガーらによる人間関係論は医療サービスが供給量の確保から、質の競争へと変化した今日、先に述べたような、いわばインフォーマルなスタッフ間の信頼の絆が生産性に大きく影響するという温かいマネジメントの必要性の重要性を指摘している。

2 内容理論

1 マズローの欲求段階説

　マズロー（A.H.Maslow：1908-1970、米国の心理学者）が提唱した欲求階層説では、欲求には5種類があり、かつその欲求には優先順位のある階層（ヒエラルキー）があるとしている（図3-2）。すなわち、より低次の欲求が満たされることで次の段階の欲求が出現し、それを繰り返すことで最も低次の欲求から最も高次の欲求に至るとしている。この5段階の欲求とは、次の5つである。

①生理的欲求

　最も優先度の高い、すなわち低次の欲求は空腹や喉の渇き眠気に代表されるような生きるための不可欠な欲求。

②安全欲求

　安全を確保したり恐怖や不安から逃れたり秩序や法を求めたりする欲求。

③社会的欲求

　人や家族の愛情に満ちた関係を築いたり集団の中で位置付けを求めたりする所属と愛の

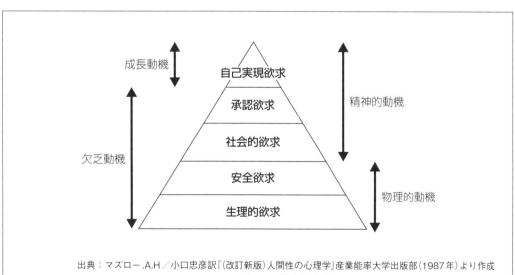

出典：マズロー.A.H／小口忠彦訳『〔改訂新版〕人間性の心理学』産業能率大学出版部（1987年）より作成

図3-2　マズローの欲求段階説

欲求。

④承認欲求

　しっかりとした根拠を伴う自己に対する高い評価や自尊心他者からの承認等を求める欲求。

⑤自己実現欲求

　潜在的に持っている能力や才能を実現しようとする自己実現の欲求。

2　ハーズバーグの二要因説

　ハーズバーグ（F.Herzberg：1923-2000、米国の心理学者で労働者のメンタルヘルスの研究で有名、元ユタ大学教授）は、職務満足に与える要因と、職務不満に与える要因とは異なる傾向にあることを明らかにした（図3-3）。具体的には職務満足への影響要因で際立っていたのは、達成、承認、仕事そのもの、責任、昇進の5つであり、より優れた成果を上げることや努力への動機付けをする効果があるとして、これを動機付け要因と呼んだ。

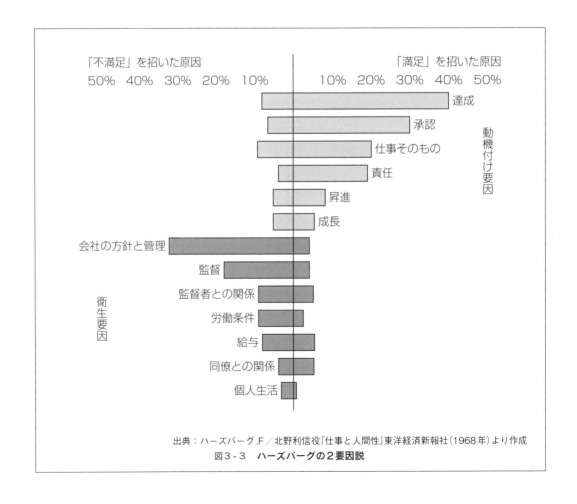

出典：ハーズバーグ.F／北野利信役『仕事と人間性』東洋経済新報社（1968年）より作成
図3-3　ハーズバーグの2要因説

一方の職務不満に影響を与えていた要因は、会社の方針と管理、監督、監督者との関係、労働条件、給与の5つであった。これらは労働者が働く周囲の環境等に関連する要因が中心になり、職務満足にはほとんど効果をもたらさず、職務不満を防止する役割を果たしていることから衛生要因と呼んだ。

そして、この結果から職務満足と職務不満とが、互いに表裏の関係（一次元的の両極端）ではなく、2つの分離した次元にあるものだと考え、職務満足の反対は職務不満ではなく、単に職務に満足していない状態だとし、これを動機付け－衛生理論と呼んだ。逆に言えば、職務不満を減らすマネジメントと職務満足を高めるマネジメントは異なることを意味する。

3 マグレガーのXY理論

マズローのような人間関係論と動機付け理論をベースに、心理学者マグレガー（D. M.McGregor：1906-1964、米国の心理学者、経営学者。元マサチューセッツ工科大学教授で著書『企業の人間的側面』が有名）は、人間は生来、怠け者で、それを管理するにはアメとムチが必要とするX理論と、人間は生来働くことに喜びを感じるとした人間関係論的な見方をするY理論があり、経営者はそれぞれに対して別々のアプローチでマネジメントを行う必要があるとした。

4 アージリスの未成熟－成熟理論

マズローとマグレガーの人間は自己実現を目指し、生来働くことに喜びを感じるものだとする考え方を職場環境に当てはめて発展させたのがアージリス（C.Argyris：1923-2013、米国の経済学者。エール大学とハーバード大学の元教授）の未成熟・成熟理論である。この理論によると、組織人の成長過程では以下の7つの次元で変化が起きるとし、人的資源管理では、制度的な報酬やインセンティブによって人為的に意欲を引き出そうとするよりも、人に備わっている内発的なエネルギーを認識させ、目指すべき方向へと導くことのほうが、未成熟なスタッフから成熟したスタッフへと変化させ、組織にとっても個人にとっても有益であるとした。

①受動的な人格から　→　能動的な人格への変化
②依存的な人格から　→　独立的な人格への変化
③単純な行動から　→　多様な行動への変化
④浅い興味から　→　深い興味への変化
⑤短期的な展望から　→　長期的な展望への変化
⑥従属的な立場から　→　対等・優越的な立場への変化

⑦自己認識が欠如している状態から　→　自覚と自己統制する状態への変化

　そのうえで、スタッフを指示に従うだけの未熟な状態に留める理由は、スタッフの個人的要因よりも、スタッフを教育して潜在能力を活用する意識や機能がない組織に問題があると組織のモチベーション維持における人的資源管理の役割の重要性を指摘した。具体的には、組織において人材のモチベーションを高めるためには、安易に賃金や休暇など制度的なインセンティブを諮るのではなく、一人ひとりがもつ職務や責任、権限を拡大し、各個人がより心理的に成功体験を得やすい職場環境や機会の提供を行い、スタッフを成熟させていく施策が効果的であるとした。

③ 過程理論

1 アダムスの公平理論

　アダムス(J. S.Adams：1723-1790、イギリスの経済学者で近代経済学の父と呼ばれる)
の公平理論は、自分の仕事への頑張りと報酬が、他人と比較して不公平と感じた場合、そ
の状態を解消しようとする心理が働くという理論である。つまり、自分の努力、経験、学
歴、能力などの仕事への頑張りをIp、給与水準、賃上げ、表彰などの報酬をOpとし、他
人の仕事への頑張りをIo、報酬をOoとすると、「Op/Ip＜Oo/Io」と感じた場合は他人よ
り報酬が低い状態と考えた。また、「Op/Ip＞Oo/Io」と感じた場合は他人より報酬が高い
状態と考える。したがって、自分が他人よりも低い報酬「Op/Ip＜Oo/Io」と感じたときには、
その状態を解消するために、仕事をさぼったり、賃上げの要求、報酬に対する認識を変え
たりするなどパラメータを変えことや、最悪は離職等などパターンを認識できない状態に
置く行動をとるとされている。

　しかし、この公平性は、職員の主観的な判断によるところが大きく、マネジメントする
側の上司が完全にコントロールすることは難しい。そこで、公平性を分配的な結果の公平
と、手続きのプロセス的な公平に分けて、どちらかといえば結果に対する公平性よりも、
プロセスに対する公平性が重視されると考え、人資源管理では、職員のモチベーションを
維持するために、結果(賃金など)に対する公平性が担保出来なくとも、プロセスに対する
公平性の確保に留意することが効果的としている。

2 ヴルームの期待理論

　ヴルーム (V.Vroom：1932-、カナダの心理学者で元イェール大学教授) の期待理論は、
その行動を遂行しようとする力(モチベーションの強さ)は、その行動がもたらす結果の魅
力(誘意性)と、その行動の結果によって求める報酬が得られる確率(期待)の積で表される
とした(図3-4)。

　誘意性とは、ある結果から得られると予期される満足のことで、つまり対象となる行動
として得られる結果が自分にとってどれほど魅力的なのかの程度のことである。一方の期
待とは、特定の行為が特定の結果を伴う確率についての瞬時の信念だとして、対象の行動

行動しようとする力（モチベーションの強さ）＝ Σ（期待 x 誘意性）

出典：ヴルーム.V.H ／坂下昭宣・榊原清則・小松陽一・城戸康彰訳『仕事とモチベーション』千倉書房（1982年）

図3-4　ヴルームの期待理論

が自分の求める結果（報酬）につながる確率の程度のことを意味している。

　この期待理論の特徴的な点は、行動がもたらす結果の魅力度の高低のみでなく、その行動が結果（報酬）につながる可能性との積によってモチベーションの強さが決定されるということで、期待あるいは誘意性のいずれかがゼロであるならば、もう一方がどんなに高くてもモチベーションの発生には何の効果も持たないとしている点である。さらに、この期待や誘意性は、客観的に算出されるものではなく、あくまで個人の主観的なものであるとしている。

3　サイモンの意思決定論

　マネジメントが情動ある職員の心理的内面に注目され始めると、スタッフの動機に働きかけることで活力ある組織を生み出そうとするサイモン（H.A.Simon：1916-2001、米国の認知心理学、経営学者で、1978年にノーベル経済学賞を受賞した）の意思決定論へとマネジメントは発展する。

　サイモンは、経営とは意思決定であるとしたうえで、経営者が完全に合理的な意思決定をするのは現実的には難しく、限定された範囲内でしか合理的な判断ができないとする認知限界を示した。すなわち、経営者の意思決定の目標は、効用（企業の場合では利潤、病院の場合は医業収益）の完全なる最大化は認知の限界から困難なので、現実的には、ある一定の水準を満たすという満足化に限定されるとしている。

　一方、経営者は、ひとりで完全な意思決定ができないが、組織をつくり権限を委任することで状況の複雑さを一定程度単純化することができるとした。すなわち、経営者は、自らの認知限界があっても組織をつくることで合理的な意思決定ができるとし、人がなぜ組織をつくるのか、すなわち組織とは何かという組織論の理論的な基礎づくりに貢献した。

4　ローレンス＝ロッシュの環境適応論（コンティンジェンシー理論）

　ローレンス＝ロッシュ（R.R.Lawrence ＆ J.W.Lorsch：1922-2011 ＆ 1932-、米国の経営学者で元ハーバード大学教授）は、合理的な経営管理の方法はその組織が置かれている

環境によって左右され、唯一最善の方法は存在しないことを主張した。たとえば、今日の医療マネジメントは医療制度の変化に大きく影響され、それを無視して独自のマネジメントを展開することは現実的ではなく、組織が存続するためには外部環境の変化に柔軟に対応することが求められる。このように、マネジメントを取り巻く環境に対して開かれたシステムとして組織をとらえるオープン・システム観に基づくのが環境適応論（コンティンジェンシー理論）である。

コンティンジェンシー理論では、組織に影響を及ぼす状況要因は、その事業が置かれている環境の不確実性や技術、事業の規模などによるとされ、経営者は、自らの組織が置かれている環境を把握し、組織をその環境に適応させるため常に変化させていく必要があるとしている。よって病院組織においても、社会において単独で存在するクローズド・システムではなく、社会という全体システムと接続し、社会の構成要素（サブ・システム）とするオープン・システムにしておく必要がある。この病院組織と社会の成熟した関係を維持するためには、これまでの古典的な医師の権威（パターナリズム）による患者との関係ではなく、患者からの要請や影響に適応していかなければならない。

コンティンジェンシー理論は、今日の組織にかかわるさまざまな研究領域に大きな影響を与え、人的資源管理の分野においても、職務満足や組織コミットメント、キャリア発達、コンフリクト、対人コミュニケーション、職務ストレス、組織文化などの組織行動論の発展につながっている。

4 ハックマンとオールダムの職務特性理論

職務には、その内容や仕事の方法に特性があって働く人のモチベーションと深く関係している。ハックマン（J.R.Hackman：1940-2013、米国の心理学者で元ハーバード大学教授）とオールダム（G.R.Oldham：1940-2013、米国の経営学者で元イリノイ大学教授）は、いくつかの中心的な職務特性が最終的にはモチベーションなどを高めるという職務特性理論を提唱した。すなわち、次の5つの職務特性がモチベーションと関係しているとした。

①スキル多様性

その職務を遂行するうえでどれほど異なるスキルや能力を引き出されているかという多様性の程度。

②課業の同一性

その職務にあたるうえで、1つのまとまりのある仕事として、最初から最後までしっかりとかかわることができるのかについての程度。

③課業の重要性

その職務が持つ重要性であり、組織内外の幅広い人々に、どれほど影響与えている仕事なのかについての程度。

④自律性

　仕事の予定を立てたり、遂行する手順を考えたりする際に、どれほど自分で決めることが許されるのかという独立性や裁量の程度。

⑤フィードバック

　自分が行った仕事の結果や成績に関する情報がどれほど明確に得られるかについての程度。

　そして、この職務特性のうち、①スキル多様性、②課業の同一性、③課業の重要性の3つの程度が高いほど、仕事の有意義感を高めるとし、④自律性に関しては仕事の結果への責任感を、⑤フィードバックに関しては仕事の実際の結果への認識をそれぞれ高めるとした。そして5つの中心的特性によって高められた有意義感や責任感、結果への認識などが最終的にモチベーション（内発的動機付け）などを高めるとしている。

5　シャウフェリのワークエンゲージメント

　シャウフェリ（W.B.Schaufeli：1953-、オランダの社会心理学者でユトリヒト大学教授）らによって提唱された概念で、自分の仕事を楽しみながら情熱的に働いている状態のことをワークエンゲージメントという。具体的には、活力、熱意、没頭の3つの特徴が、出来事や行動などの特定の対象に向けて仕事全般において持続的に見られるものであるとされる。

　ここでいう活力とは、仕事をしているときに気力が漲っていると感じ、精神的な回復力に富んでいて、物事がうまくいかないときでもがんばり通して、その間、自身のことを強く活動的だと感じることができるというものである。次の熱意とは、仕事に熱中し、やりがいのある仕事に奮い立ち、誇りを持って意義や目的を見出している状態のことである。そして、没頭とは、仕事をしている最中は、ほかのことを忘れたり、時間が早く過ぎる状態のことで、熱心に働くことに喜びを感じているものである。これらワークエンゲージメントの高さが、仕事への前向きな態度や高いパフォーマンス、精神的な健康などにつながっていると考えられている。

6　病院職員のモチベーションをいかに高めるか

　このようにモチベーションに関する多くの研究によって人のやる気をアップさせる方法はかなり明らかになっているが、いざその実践には困難を伴う。

　たとえば、経営責任を負う院長は、その職務を全うするために、収益やコスト意識を現場の職員に強いて、仕事の分業化による効率性を求めるが、一方の現場の職員にとってはこの収益向上やコスト削減の努力は、必要不可欠なことだと理解したとしても、自分のモ

チベーションを大きく上げる理由はならず、それよりも職場の人間関係のほうがモチベーションに大きく影響したりする。また、給料よりも仕事がおもしろいと思う動機付け要因が強い人が多い職場であるにもかかわらず、人の働く動機をまったく無視してすべての人は少しでも楽をして給料を多く稼ぎたい人だと一方的に決めつけて、厳しく監視する経営者も散見されるが、それでは職員のモチベーションは上がらないのは明らかである。

　現場のほとんどの医療職は、医療サービスを提供する仕事の内容とその過程において、患者から「ありがとう」と感謝される成果に内発的なやりがいを感じ、「ああ、この仕事を選んでよかった」「これからこの病院でがんばろう」という気持ちになってモチベーションを維持・向上させている。

　このように、病院における人的資源管理において、モチベーションの諸理論を学ぶ意義は大きい。典型的な労働集約産業である医療サービスでは、職員のやる気の維持・向上が病院経営に大きくプラスに影響するが、企業のように収益や利益を共通の目的とできない事情から、そのマネジメントには内発的な動機や専門職としてキャリア等の多様な心理学を土台とした行動科学の応用が役立つ。とはいえ、人の生命を左右する医療現場では、感情がむき出しになって、その衝突からモチベーションを下げる出来事も少なくない。特に厳しい経営環境の中で、限られた医療資源で効率的な医療サービスを提供していくには、どこかで我慢を強いられる。そんな過酷な労働環境の中で、職場の先輩・同僚、家族・友人への相談は必要だが、それにも増して上司から仕事の成果に対する適切なフィードバックやコーチング、すなわち人的資源管理の施策が部下のワークエンゲージメントをより高めるとされている。優れた経営戦略等のマネジメント施策を考えたとしても、その効果的な実行には職員一人ひとりのモチベーションを向上・維持する人的資源管理が土台として必要ということになる。

問題 1 モチベーションに関する諸理論について、次の選択肢のうち誤っているものを1つ選べ。

[選択肢]

①モチベーションには、人に刺激を与える目標となる誘引（incentive）と、それに対して自分の内面から行動に駆り立てる動因（drive）がある。

②テーラーは、職能（作業分担グループ）ごとに専任の職長を設けて、作業者間で発生する諸問題をこの職長に調整させる職能別職長制を導入した。

③メイヨーやレスリスバーガーらは、組織には公式に定められていない感情（インフォーマル）が相互に影響し、その感情は組織の生産性に大きく影響しているとした。

④サイモンは、経営者が完全に合理的な意思決定をするのは現実的に難しく、限定された範囲内でしか合理的な判断ができないとする認知限界を示した。

⑤ローレンス＝ロッシュは、合理的な経営管理の方法はその組織が置かれている環境によって左右されず、唯一最善の方法が存在することを主張した。

解答
1

⑤

解説
1

①○：モチベーションとは動機付けと訳され、いかにして人がやる気を出し、行動につなげられるかのプロセスを意味する。この誘引（incentive）と動因（drive）意外にも、外部からの報酬によって人の内部にある動因が刺激され動機付けられる外発的動機付けと、外部からの報酬ではなく自分の好奇心が刺激され行動する内発的動機付けがある。

②○：テーラーによる科学的な管理手法は、それまでの請負人（親方）による科学的根拠に乏しい経験や勘による成り行きまかせの管理を抜本的に見直し、課業（労働者へのノルマ）を科学的、客観的基準に基づいて設定した。職能別職長制以外にも、労働者に対して競争による動機付けを働かせた、差別出来高賃金払い制度を取り入れた。

③○：メイヨーやレスリスバーガーらは、「人間は個人的な感情と人間関係に規定されて行動する社会人である」ことを前提とした人間関係論を体系化した。この人間関係論は、非公式なスタッフ間の信頼の絆が生産性に大きく影響するという、温かいマネジメントの必要性を指摘している。

④○：サイモンは、経営者の意思決定の目標である効用の完全なる最大化は認知の限界から困難なので、現実的には、ある一定の水準を満たすという満足化に限定されるとしている。よって、経営者は、ひとりで完全な意思決定ができないので、組織をつくり、権限を委任することで、状況の複雑さを一定程度単純化することができるとした。

⑤×：ローレンス＝ロッシュは、合理的な経営管理の方法はその組織が置かれている環境によって左右され、唯一最善の方法は存在しないことを主張した。このように、マネジメントを取り巻く環境に対して開かれたシステムとして組織をとらえるオープン・システム観に基づくのが環境適応論（コンティンジェンシー理論）である。

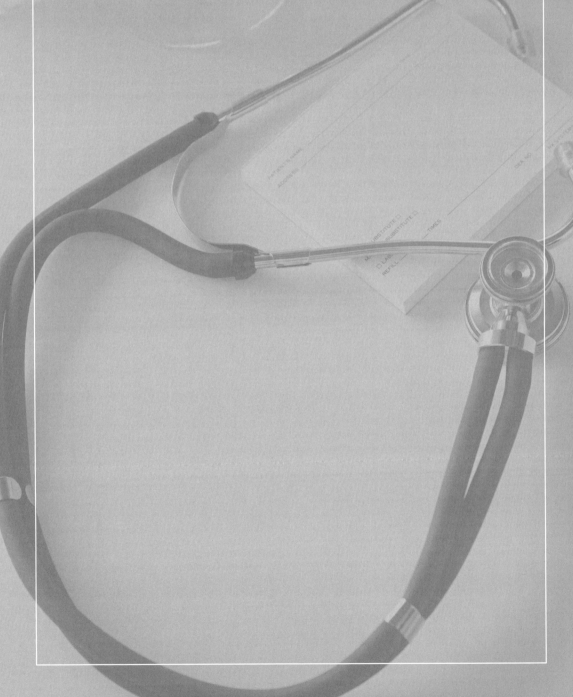

第4章

リーダーシップ

リーダーシップ理論の基礎知識

1　リーダーシップとは

　ハーシィ（P.Hersey：1931-2012、米国の行動科学者で元ノバ・サウスイースタン大学教授）らは、リーダーシップを「与えられた状況で、目標達成のため、個人ないし集団に影響及ぼすプロセス」としている。それは部下の側から見れば「あの人と一緒に働きたい、あの人についていきたい」と思う上司が与える魅力や尊敬の念のことであり、それを受けて感じる部下をフォロアーと呼び、リーダーシップとフォロアーシップは一対で成立する。よって、リーダーシップは組織の中の指導者や管理者等、地位があれば自動的に発揮できるものではなく、周りからリーダーとして受容されることによって実行できる。

　さらに、ハーシィらは、目標達成のために周囲を動機付けし、導くためには、次の３つ能力が必要としている。

①診断能力

　現状について善し悪しを含めて把握し、その状況をどう変えられるかについて判断する能力。

②適応能力

　状況に応じて自分の行動や用いることができる資源を的確に判断し応用する能力。

③コミュニケーション能力

　相互に了解を得ながら強制ではなく、合意形成を図る能力。

　近年、医療の高度化、複雑化に伴ってチームリーダーの仕事の範囲は広がっており、リーダーがすべての業務に目配りと気配りを行うことが難しくなっている。このような状況では、専門能力を持ったメンバーへ権限委譲を進め、チームメンバーでリーダーを分担し合うスタイルが有効と言える。

2　マネジャーとリーダーの違い

　マネジャーもリーダーも、どちらも組織目標にかかわり、組織的に行動するが、両者は機能が異なる。すなわち、リーダーは人々を動機付けして導いていくが、マネジャーは体

制(システム)や構造により人々を統制・管理していく。

　伊丹敬之(1945-、日本の経営学者で元一橋大学教授)と加護野忠男(1947-、日本の経営学者で元神戸大学教授)は、リーダーシップはマネジメントの大切な要素の一部であるが、リーダーシップとマネジメントについて概念は同じではなく混同してはいけないとしている。

　また、ゼイレツニック(A.Zaleznik：1924-2011、米国の精神分析学者で元ハーバード大学教授)は、マネジャーとリーダーを表4-1のように対比している。

表4-1　ゼイレツニックによるマネジャーとリーダーの対比

	マネジャー	リーダー
全般的な特徴	□問題解決者	□問題創出者、企業家的人物
目標に対する態度	□受動的とまでいかないまでも、没人格的な目標 □バランスを重んじる(妥協も実際的には認める)	□相手に合わせる(対応する)というよりも、アイデアを創っていく
仕事の捉え方	□他の人々がやりやすくしていく過程(enabling process)として仕事を捉える □システムや機構を通じての解決を図る(たとえば、スローンのケタリング問題の解決) □他の人々の選択余地を狭める(こうすればうまくいくという道筋を創る) □継続的に調整とバランスを人々の間にとることが必要と考えている □情緒的な反応を抑制する。クールである	□リスクをとって自分のアイデアをイメージ化していく □そのわくわくするイメージで人々をエキサイトさせる(たとえば、ケネディの就任演説) □長年の問題に新たなアプローチ法を求めて、新たなものの見方や選択の余地を広める、オープンにする □リスクをとり、危険にも向かっていくので、波風が立つものだ □情緒面を表出する。怒りたいときには怒る
他の人々との関係	□単独の活動は好まず、他の人々とともに仕事するのを好む □そのくせ、他の人々の思考や感情を直感的に受けとめる共感力や度量は欠く □他の人々を通じて「いかに」ことが成し遂げられるかを気にかける。ハウが鍵 □TAT(課題統覚法)で「バイオリンを持つ少年」の絵図に対して、他の人々とのつながり(たとえば、少年と両親やアメフト仲間との関係など)に触れる物語を作成することが多い □TATでも、熱い情緒的没頭は見られない	□ひとりでリスクを持って決めなければならないことがあると承知している □それだけに、自分の考えたアイデアにはこだわるが、直感的かつ共感的に他の人々とかかわることを目指す □他の人々にとって、出来事や意思決定が「何を」を意味するかを気にかける。ホワットが鍵 □TAT(課題統覚法)で「バイオリンを持つ少年」の絵図に対して、楽器そのものをマスターしたいという強烈な欲望に触れる物語を作成することが多い □TATでも、少年がバイオリンに対して、深い愛着や思い入れを持っていることが語られ、その物語は情緒的なシグナルと絡み合っている
自己の感覚	□所属感覚を大事にし、義務や責任の理想と調和する役割を果たす自己像を持っている	□分離感覚(自分は、他の人々を含め環境から超然としているという感覚)を持ち、組織で働いていても、組織に所属しきらない自己像を持っている

育成のあり方	□社会化(socialization)を通じての育成 □その社会化とは、安定した制度としての組織を誘導し、既存の人間関係のバランスを維持できるように、個人を組織になじませていくもの □特定の個人にメンターとしてべったりつくよりも、もっと広範な人々に対して、ほどほどの愛着を持つ(多対多の関係、および同輩関係) □同輩関係 (peer relation-ships) は、一方で「攻撃性」や「個人のイニシアティブ」を抑制し、他方では同輩間の競争やライバル関係を奨励する □メンターを通じての育成は必要とされない。あるいは、情緒的な表出を伴うメンターにはなじまない □集団主義の文化、管理的な文化がなじむ	□(先のバイオリンの例のような)個人的な熟達あるいはマスター感(personal mastery)を通じての育成 □そのマスター感によって、その個人は、心理的な変化や社会的な変化に立ち向かう □感受性豊かで直感的なメンターとの接触を通じて育成するしかない(一対一の関係、および同輩ではなく年上でより経験豊かなシニアとの関係) □シニアとの関係では、同輩との関係と違って、パワーに歴然とした差があるので、かえって信頼と情緒的なコミットメントがあれば、刃向かったり、対決(コンフロンテーション)したりもできる。対決できるということは、逆にいうと深い情緒の相互交流(emotional interchange)を持てるということで、そのことを通じて、攻めるべきときは攻め(攻撃性もポジティブに発揮でき)、既存の慣行を変えたり、新しいやり方を実験したり、さらには上司にも絶えず挑戦できるような人物が育つ(だから、通常メンターになりたがる人が少ない―自分も挑戦されるし、情緒の表出や交換も伴うから) □メンターとの関係において、メンターの側にも、学ぶ側にも、強い情緒的没入が要請される □個人主義の文化、企業家的な文化もしくはエリート主義がなじむ

出典：Zaleznik, A.(1977)"Managers and Leaders: Are they different?," Harvard Business Review, May-June, 67-78.

3　PM理論

　代表的なリーダーシップ理論にPM理論がある(図4-1)。この理論は三隅二不二(1924-2002、日本の心理学者で元九州大学教授)によって提唱されたもので、P(Performance)は目標達成に向けて具体的な仕事内容を指示する行動のことである。一方のM(Maintenance)は良好な人間関係を維持しようと積極的に他者に関わる行動のことである。リーダーの行動はP要因とM要因の2つの行動があり、この行動の程度によってリーダーシップを4つのタイプに分ける。

①Pが低くMが高いタイプでは、目標達成に向けて具体的に仕事を指示するより、良好な人間関係の構築に尽力する。

②Pが高くMが低いタイプでは、目標達成に向けて具体的に仕事を指示するが、人間関係の維持や構築には気を遣わない。

③PもMも高いタイプでは、目標達成に向けて積極的に仕事を指示しながら、人間関係の維持や構築にも気を配る。

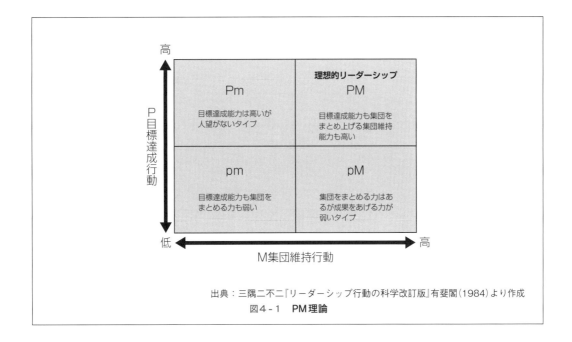

出典：三隅二不二『リーダーシップ行動の科学改訂版』有斐閣(1984)より作成

図4-1　PM理論

④PもMも低いタイプでは、目標達成に向けて具体的仕事を指示する行動も、人間関係
　を維持し調整する行動も果たさない。

　このことから、優れたリーダーは、P要因とM要因の両方の行動をバランス良く備える
必要があることがわかる。

4　SL理論

　三隅らによるPM理論を発展させ、ある状況のもとでは、あるリーダーシップ・スタイ
ルが適切だったが、他の状況においては、より適切な異なったリーダーシップ・スタイル
が存在するという状況適合理論を示したのがハーシィとブランチャード(K.H.Blanchard：
1939-、米国の経営コンサルタント)であり、その代表的ものにSL(Situational Leadership)
理論がある(図4-2)。

　SL理論におけるリーダーの行動は、具体的な指示・指導の程度（指示的行動）と他者と
の関係を構築し、協労的支援の程度（協労的行動）の２領域とリーダーが影響を与える成員
（フォロワー）の状況・課題に対する能力と意欲の２つで構成されるレディネスのレベルと
の関係でその適合性を示している。すなわち、指示的行動と協労的行動のリーダー行動は、
下記の４種類の組み合わせでリーダーシップを説明できる。

①レディネスR１では、リーダーシップS１（高指示・低協労）で具体的指示・指導する教
　示的スタイル。

②レディネスR２では、リーダーシップS２（高指示・高協労）で具体的指示とともに双方

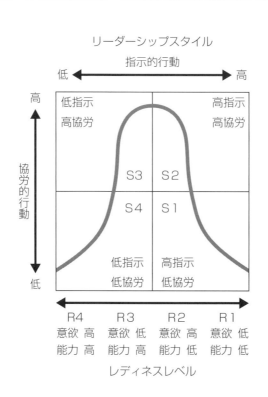

リーダーシップスタイル

指示的行動

低　　　　　　　　　高

高

協労的行動

低

低指示		高指示
高協労		高協労
	S3	S2
	S4	S1
低指示		高指示
低協労		低協労

R4　　R3　　R2　　R1
意欲 高　意欲 低　意欲 高　意欲 低
能力 高　能力 高　能力 低　能力 低

レディネスレベル

出典：ハーシィ.P.ブランチャート,K.H・ジョンソン.D.H.／山本成二・山本あづき訳『入門から応用へ行動科学の展開新版』生産性出版（2000年）より作成

図4-2　SL理論

向の対話を重視する説得的スタイル。

③レディネスR3では、リーダーシップS3（高協労・低指示）で双方向のコミュニケーションと相手に権限を付与しながらの参加的スタイル。

④レディネスR4では、リーダーシップS4（低協労・低指示）で信頼して仕事を任せていく委任的スタイルが良いとされる。

② 進化するリーダーシップ理論

1 サーバント・リーダーシップ

　グリーンリーフ（R.K.Greenleaf：1904-1990、米国のAT＆Tにてマネジメントセンター長として活躍後、経営コンサルタントとなる）は、顧客である患者に最も近い部下、すなわち現場の職員にエンパワーメント（権限委譲）することが質の高い医療の実践につながり、患者満足度を向上させることができるのだとするサーバント・リーダーシップを提唱した。

　エンパワーメントとは、部下に力（責任や権限）を与え持っている力を引き出して目標に向かって自律的に動機付け（モチベーション）を高める状態である。よって患者満足度の源泉は、組織のトップからの指示・命令よりも、医療サービスを実践する現場の一人ひとりの部下の行動にあり、リーダーは組織のビジョンやミッションを示し、部下の力を引き出して支えるリーダーが成果を出せると考える。

　このようにサーバント・リーダーシップは、これまでの分業された業務の効率的な調整役としてのリーダーシップとは異なり、主役はメンバーであり、メンバーに奉仕協力し合うことで目標達成しようとするもので、そのためには相手の問題や欲求に焦点を当て、部下の役に立ちたいと思うことから始まり、個人の能力を尊重した関係を構築する必要がある。

2 シェアド・リーダーシップとフォロアーシップ

（1）シェアド・リーダーシップ

　医療サービスが高度化・複雑化し、患者が多様で個別的なケアを求めるようになると、常にひとりのリーダーがあらゆる状況で正しい判断を下すことが困難な場合が多くなる。このような変化の激しい状況では、それぞれのメンバーがリーダーシップを発揮するシェアド・リーダーシップが有効であるとして注目されている。

　その提唱者のひとりである石川淳（1962-、日本の経営学者で立教大学教授）は、シェアド・リーダーシップを「チームメンバー間でリーダーシップの影響力が配分されているチー

ム状態」とし、次の３つの視点が重要であるとしている。

①チームメンバーのそれぞれがどの程度リーダーシップを発揮しているのかに着目する。

②個人レベルの概念ではなく、チーム・レベルの概念として取り扱う。

③リーダーからフォロワーへの一方通行ではなく双方向でリーダーシップを発揮しているのかを検討する。

■ (2)フォロアーシップ

　このようにリーダーシップ論では、リーダーの行動に焦点が当てられることが多いが、リーダーを支えるフォロワーの存在を忘れてはならない。ケリー(R.Kelley：米国の経営学者でカーネギーメロン大学教授)は、フォロアーシップは、積極的関与(貢献力)と独自の批判的思考(批判力)の２つからなるとしている。

　積極的関与(貢献力)とは、リーダーの指示のもとで与えられた役割を遂行し目的達成に向けて行動する力であり、独自の批判的思考(批判力)とは、リーダーの指示や考えが正しいのかをメンバーとして考え、必要があれば建設的に意見を述べ批判する力としている。

　組織はリーダーとフォロアーとの相互作用によって成長する。特に組織構造で階層が少ないフラット型の組織においては、フォロワーの役割が重要になることから、変化の早い経営環境において、リーダーの指示・命令の意図を自ら考えることなく、ただ受け入れるだけのフォロアーではいけない。人的資源管理では、リーダーシップ教育と同時に、優れたフォロアーの育成も行う必要がある。

確認問題

問題 1 リーダーシップに関する諸理論について、次の選択肢のうち誤っているものを1つ選べ。

[選択肢]

①リーダーが目標達成のために周囲を動機付け、導くためには、診断能力、適応能力、コミュニケーション能力の3つの能力が必要であるとされている。

②マネジャーもリーダーも組織目標にかかわるが、リーダーは動機付けし、マネジャーは統制し管理する点において概念が異なる。

③三隅のPM理論のPは、目標達成に向けて仕事内容を指示する行動のことで、Mは良好な人間関係を維持しようと他者にかかわる行動のことである。

④サーバント・リーダーシップでは、部下である現場の職員にエンパワーメント（権限委譲）する。

⑤シェアド・リーダーシップは、過去の経験から正しい行動が予測され、ひとりの卓越したリーダーがあらゆる判断を下して、メンバー全員がそれに従って困難な状況を乗り越えるチーム医療のことである。

解答 1

⑤

解説 1

①○：診断能力とは、現状について善し悪しを含めて把握し、その状況をどう変えられるかについて判断する能力で、適応能力とは、状況に応じて自分の行動や用いることができる資源を的確に判断し応用する能力であり、コミュニケーション能力とは、相互に了解を得ながら強制ではなく、合意形成を図る能力である。

②○：伊丹と加護野は、リーダーシップはマネジメントの大切な要素の一部であるが、リーダーシップとマネジメントについて概念は同じではなく、混同してはいけないとしている。すなわち、戦略や体制（システム）を計画的に立案し、組織化するマネジメントの中で、集団を指示・統制するリーダーシップを発揮することが求められる。

③○：リーダーの行動はP要因とM要因の2つの要因があり、この要因の程度によってリーダーシップ行動を4つのタイプに分ける。優れたリーダーは、P要因とM要因の両方の行動をバランスよく備える必要がある。

④○：エンパワーメントとは、部下に力（責任や権限）を与え、持っている力を引き出して目標に向かって自律的に動機付け（モチベーション）を高める状態である。

⑤×：サービスが高度化・複雑化・多様化すると、常にひとりのリーダーがあらゆる状況で正しい判断を下すことが困難な場合が多くなり、その状況に応じてそれぞれのメンバーがリーダーシップを発揮するのがシェアド・リーダーシップである。

第5章

プロフェッションとキャリア

1 プロフェッション

1 プロフェッションと準拠集団

▌（1）プロフェッションの4つの特性

　プロフェッションとは、高度な知識や技能を取得した専門職のことであり、国家資格やそれに準ずる資格が必要とされる場合が多く、資格がなければ特定の業務が行えない業務独占資格と、資格がなくても業務に従事できるが名乗ってはいけない名称独占資格がある。サンダース（Sir.Carr-Saunders：1886-1966、イギリスの社会学者で元ロンドン大学副学長）らは、専門職には、次の4つの特質があるとしている。

①長期の訓練によって獲得された専門的技術の存在
②特別の責任感情と倫理綱領の存在
③結社の形成
④給与形態をとる固定報酬制の採用

　特に病院組織は、各部門の専門独立性が強く、また、職員一人ひとりが、明確な専門分野の範囲内で患者の多様なニーズに対して個別的で柔軟な対応が可能となるよう訓練されている。

　このような個人の裁量権が認められた組織が支障なく運営されていくためには自律的に職務を遂行できるプロフェッションの存在が不可欠となる。プロフェッションは、社会に対し自ら関与する分野における公益増進に対して全力で貢献し、その見返りに実務における自律性と自己規制の特権が与えられる。すなわち、プロフェッションとその構成員は自らの奉仕の対象者および社会に対し説明責任を負う義務を持ち、それに違反すれば行政処分等の罰を受けることになる。

▌（2）プロフェッションの行動基準を規定する準拠集団

　また、このプロフェッションは所属組織以外に専門職能に基づく準拠集団を持って結社の形成をなす。たとえば、医師会や看護協会などの職能団体や各臓器や疾病別の学会が準拠集団である結社にあたり、これらは専門的知識や技能の向上に寄与するとともに、時として所属組織以上にプロフェッションの行動基準を規定する場となる。医師は、勤務して

いる病院組織ではなく、出身大学の医局などが準拠集団となる場合が多い点で人的資源管理上、他の業種と異なる特徴を持つ。

2　ジェネラリストとスペシャリスト

▌(1)経営学における定義

　経営学では、ジェネラリストを部門やプロジェクトの全体を管理する仕事を行う人とするのに対して、スペシャリストは組織においてある特定の専門分野に特化した業務に専念する人としている。たとえば、企業では研究開発や経理、人事、法務などさまざまな専門分野で高度な専門知識と専門技術、職務に応じた豊富な経験を持ち、備え、発揮する人のことである。

▌(2)病院組織におけるスペシャリストとジェネラリスト

　医師は、診断・治療のスペシャリストとしての役割と、チーム医療の要として看護師やコ・メディカルに対してオーダーを出しながら、患者に対して最終的な責任を負うジェネラリストとしての役割の両方を担うオールラウンドな職務特性を持つ。

　さらに、大学病院では准教授や教授、市中病院では診療部長や院長となると、スペシャリストとしての役割よりも、マネジメントを行うジェネラリストとしての役割の比重が増える。しかし、多くの医師はスペシャリストとしての教育しか受けておらず、役職に就任して、初めてジェネラリストとしてマネジメント能力が求められ、うまく対応できないことも少なくない。そのため、その能力や適性、経験や教育不足が指摘され、問題となることがある。

　一方、日本看護協会では、ジェネラリストを「特定の専門、あるいは看護分野にかかわらず、どのような対象者に対しても経験と継続教育によって習得した多くの暗黙知に基づき、その場に応じた知識・技術・能力を発揮できる者」、スペシャリストを「一般的に、ある学問分野や知識体系に精通している看護職をいう。特定の専門あるいは看護分野で卓越した実践能力を有し、継続的に研鑽を積み重ね、その職務を果たし、その影響が患者個人に留まらず、他の看護職や医療従事者にも及ぶ存在であり、期待される役割の中で特定分野における専門性を発揮し、成果を出している者」と定義したうえで、看護師のスペシャリストとして専門看護師、認定看護師制度を設けている。

　専門看護師の取得には、専門分野での経験と大学院での2年間の教育が必要であり、2016(平成28)年12月現在、13分野がある。また、認定看護師には、2016年7月現在、21分野があるが、看護部門におけるマネジメント専門職を養成している認定看護管理者は、病院や介護老人保健施設などの管理者として必要な知識を持ち、患者・家族や地域住

民に対して質の高いサービスを提供できるよう組織を改革し、発展させることができる
ジェネラリスト的な能力を有すると認められた者に与える資格となっている。認定看護管
理者になるには、5年以上の実践経験を持ち、日本看護協会が定める510時間以上の認定
看護管理者教育を修めるか、大学院で看護管理に関する単位を取得して修士課程を修了し
たのちに、認定看護管理者認定審査に合格する必要がある。審査合格後は認定看護管理者
としての活動と自己研鑽の実績を積み、資格は5年ごとに更新される。2017（平成29）年
8月現在、3,328人の認定看護管理者が全国で活動している。

② キャリア・デザイン

1 キャリアとは

　キャリアの語源は英語の馬車「carriage」の轍だと言われており、人生にとっての足跡、経歴を意味するものとされ、狭義と広義の2つの概念がある。

　狭義の概念では、専業に限定してとらえたもので、自らの職業人生の形成を考えるキャリア・デザインやキャリア・プランニングを論じる際に用いられる。広義には、スーパー(D.E.Super：1910-1994、米国の心理学者、カウンセラーで元コロンビア大学教授)が提唱するような「人が生涯を通じて持つ立場の連続であり、生涯を通じた自己概念の発達と実現の持続的なプロセスであり、自己概念を現実に対して検証し、自己の満足につながるものであると同時に社会に有益となるもの」とする職業だけにとらわれない考え方がある。

　また、文部科学省中央教育審議会(2011)の答申では、「人は他者や社会とのかかわりの中で、職業人、家庭人、地域社会の一員等、様々な役割を担いながら生き、…(中略)…人が、生涯の中で様々な役割を果たす過程で、自らの役割の価値や自分と役割との関係を見出していく重なりや積み重ね」とされる。

2 キャリアに関する諸理論

▎(1)キャリア・ステージ

　仕事に関連した職務経験の連鎖を通じて職業能力を形成していくことをキャリア発達という。スーパーは、ライフ・ステージとライフ・ロールという2つの視点でキャリアをとらえ、キャリアの発達段階において特定の課題があることを提唱した(表5-1)。

　ライフ・ロールには、①子ども、②学生、③余暇人、④市民、⑤親、⑥配偶者、⑦職業人、⑧家庭人の8つがある。その立場それぞれに、①成長期、②探索期、③確立期、④維持期、⑤解放期という5つの発達段階(ライフ・ステージ)があり、それぞれの段階で、探索、確立、維持、解放のミニサイクルがあるとしている。

表5-1　スーパーのライフ・ステージ論

ライフステージ （マキシサイクル） リサイクル （ミニ・サイクル）	年　齢			
	青年期 14－24歳 探　索	成人初期 25－44歳 確　立	成人中期 45－64歳 維　持	成人後期 65歳以上 解　放
解　放	趣味への時間を減らすこと	スポーツへの参加を減らすこと	本質的な活動へ焦点化すること	仕事の時間を減らすこと
維　持	現在の職業選択を確かめること	確実な職業地位を築くこと	競争に負けないこと	まだ楽しんでいることを続けること
確　立	選択した分野で開始すること	永久的な地位に就くこと	新たなスキルを開発すること	いつもしたいと思っていたことをすること
探　索	より多くの機会について一層学ぶこと	望む仕事の機会を得ること	仕事上の新しい問題を見分けること	良い引退場所を見つけること
成　長	現実的な自己概念を発達させること	他者との関係を学ぶこと	自らの限界を受け入れること	仕事以外の役割を開発すること

出典：渡辺三枝子『キャリアの心理学：働く人の理解＜発達理論と支援への展望＞』ナカニシヤ出版、2003年

（2）キャリア・アンカー

　人生において自らのライフワークとなる職業を選択し、その職業の経験をいかに積み上げるかを計画することがキャリア・プランニングであるが、職業選択やその計画は、その人を取り巻く生活環境に大きく影響され、思い通りに進むとは限らない。

　しかし、人がいかにしてキャリアを設計するかにおいて、その代表的な研究者であるシャイン（E.H.Schein：1928-、米国の心理学者でマサチューセッツ工科大学教授）は、「キャリアをデザインするのは人である。ゆえに人はキャリアの目標を設定し、そこに向かうために何をするのか、あるいはいかに成長するのかを自らが計画することができる」としている。

　また、人が一定の時期に一定の職業に就くためのよりどころを船の停泊に用いる錨に例えて「キャリア・アンカー」と表現した。このキャリア・アンカーには、次の8つがあるとしている。

①専門・職能別コンピタンス

②全般管理コンピタンス

③自立・独立

④保障・安全

⑤起業家的創造性

⑥奉仕・社会貢献

⑦純粋な挑戦

⑧生活様式

　さらに、シャインは職業を選択する場合、次の３つの要因のいずれかによって導かれるとしている。

①自己の才能が生かせる職業

②充実感などの欲求を満たしてくれる職業

③社会的な意義や誇りに価値があると考える職業

■（3）キャリア・サバイバル

　キャリア・アンカーが、自分がどうありたいかといった内発的なニーズをよりどころにして自らのキャリア・デザインを考える指標となるのに対し、キャリア・サバイバルは、組織や環境から求められる期待・役割と自らの目指すキャリア・デザインがマッチしているかを統合して考えるという視点に立つ。この背景には、個人が自分のキャリア・アンカーに気づき自分らしく生きていこうとしても、短期的にはその一致は困難な場合が多いので、自分が置かれている立場や役割の中では自分のキャリア・アンカーを生かして数年から10年のスパンでキャリア・プランニングしようとする考え方がある。

　キャリア・サバイバルの提唱者であるシャインは、キャリア・プランニングの手順を次の６つのステップで示している。

①現在の職務と役割を棚卸する

　自分自身の仕事とその関係者全員を図式化し、彼らが自分自身に期待している役割は何だろうかを考えて整理する。

②環境の変化を識別する

　技術、経済、政治、社会文化の４つの側面から分析し、整理する。

③環境の変化がステークホルダーの期待に与える影響を評価する

　①で明らかになった関係者にとって、②で見出された環境の変化はそれぞれどのような影響を与えるかを整理する。

④職務と役割に対する影響を確認する

　４つの側面からの環境の変化が自分の仕事や役割にどのような影響を与えるかを整理する。

⑤職務要件を見直す

　職務特性プロフィールに沿って自分の現状と将来あるべき自分の姿について自己採点を行う。この採点を実施することによって、自分の現在の評定と将来の自分の姿において乖離が大きい項目に着目し、自己啓発プランを立案する。

⑥職務と役割の戦略的プランニング・エクササイズの輪を広げる

　自分自身が⑤までのプロセスを実施したら、組織の他の構成員に同じステップを経験し

てもらう。複合的に実施することで共通点や相違点が明らかになり、個々の分析もより深まる機会となる。

■(4)計画的偶発性理論

　人はあらかじめ自己のキャリアを設計できるが、それは意図的に計画して獲得するのではなく、目の前に発生した偶発の出来事を柔軟に受け止めることにより、その結果を振り返りながらキャリアを形成していくものだとするのがクランボルツ（J.D.Krumboltz：1928-、米国の心理学者でスタンフォード大学教授）の計画的偶発性理論である。クランボルツは、人はそもそも自己の人生を切り開こうとする意欲があり、職業に興味を抱き、学習の機会を求めるが、計画的ではない偶発的な職業との出会いと挑戦意欲によってキャリアは形成され、その繰り返しによってより高いキャリアへと昇りつめていくとしている。

　また、偶発的な職業との出会いは、柔軟で楽観的な思考とリスクを恐れないチャレンジ精神を持つことによって生まれやすい。これは、医師や看護師などが職業や専門分野を選択したきっかけや理由には、偶然出会った先輩医師や看護師に刺激された経験があるとする声をよく耳にすることからも理解できる。多くの医療職がその職業に社会的使命を感じながら、偶然の人との出会いで職場を選択してキャリアを形成していく様子がうかがえる。

③ 人材開発

1 キャリア開発

　キャリア開発は、個人が新しい能力を獲得して成長することは、組織にとっても重要な存続要件となるという考えに基づいている。そして、その新しい能力は、個人と組織との相互作用による調和過程を通して成し得るとする。たとえば、病院組織を取り巻く人口動態の変化や医療財源の逼迫、医療供給体制の再構築、顧客患者ニーズの多様化、新たな医学技術の導入などに病院組織が迅速に対応していくためには、こうした社会環境の下で働く医療人に継続的なキャリア開発を組織的に行う必要があることを意味する。

　シャインのキャリア・ダイナミクス理論では、人は自己、仕事、家庭の複合体として、次の３つのサイクルの中で役割を持ち生きているとする。

①生物学的・社会的サイクル

②家族関係におけるサイクル

③仕事・キャリア形成におけるサイクル

　それぞれのサイクルで求められる役割がお互いに相互作用を起こしながら時間的経過の中で推移していく。この相互作用に影響を与えるのは個人の価値観による選択だけでなく、年齢や文化的背景、あるいは職場支援の状況など外的要因が大きくかかわり、キャリア開発の過程は職能、中心性、序列で構成されたキャリア・コーンの３次元モデルで説明できるとした（図５‐１）。

2 キャリア開発プログラム

　キャリア開発プログラムの実践には２つの方法がある。１つは職務の遂行を通じて上司や先輩が部下や後輩に対して仕事に必要な知識や技能、態度などを指導し修得させるOJTプログラムである。もう１つは、職務や職場をいったん離れ、専門家から集中的に学習するOff-JTである（表５‐２）。現在では、ほとんどの職種で外部講師を招いた病院内研修、あるいは職能別の団体（たとえば看護協会など）などによるOff-JTプログラムが準備されている。

　特に先進的な病院では、院内でのOJTプログラムとしてシャドウイングプログラムを

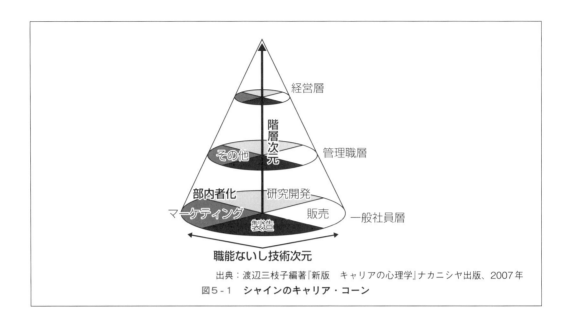

出典：渡辺三枝子編著『新版　キャリアの心理学』ナカニシヤ出版、2007年

図5-1　シャインのキャリア・コーン

表5-2　OJTとOff-JTの比較

	OJT	Off-JT
メリット	理解度に応じた細かい教育が可能、教える側の能力向上、職場内のコミュニケーション力の向上	専門的な知識の習得が可能、大人数に対し一度に訓練が可能、教育に専念しやすい
デメリット	指導者の能力に依存するため習得度にばらつきが生じる、業務との両立が困難	費用が発生する。出席可能にするための勤務調整が必要、職場に活かせる研修かどうか検証が必要

出典：筆者作成

実践している。シャドウイングプログラムとは、職務行動の優れた観察すべき人（ターゲット）の仕事ぶりをあたかも影のように追いかけ、その行動を観察する過程でターゲットの知識、判断基準、態度などを修得しようとするものである。プログラム期間中にはラウンド終了時ごとにターゲットと多面的な意見交換を行うことで学習の定着度をさらに高められる。

3　プリセプターシップとOJT

　プリセプターシップとは、主に看護組織内で用いられる新人看護職員に対する先輩プリセプターによるマンツーマンの指導法のことを指す。プリセプターが、あらかじめ指定された新人プリセプティと一定期間同じ勤務をして担当する患者へのケアを新人とともに行う教育方法で、仕事を通してアセスメント、看護技術、対人関係、医療や看護サービスを提供する仕組みや看護職としての自己管理、就業諸規則など広範囲にわたるモデル行動を

示しながら、プリセプター、プリセプティ相互の成長を促進するねらいがある。

　新人看護職員を支えるフォーマルな教育支援体制として、プリセプターシップの他にもチューターシップ(エルダー制)、メンターシップ、チーム支援型がある。チューターシップとは、各新人看護職員に決まった相談相手(チューター)を配置することで新人看護職員の職場適応への不安を軽減する。また、メンターシップとは新人看護職員の支援者、理解者としての役割という意味があり、中・長期的なキャリア支援、動機付けを行いながら新人看護職員の人間的な成長を促すことを目的とする。チーム支援型とは、特定のペアを設けずにチーム内のメンバーの得意分野を活かし、協力しながら新人指導に当たる教育スタイルで、どの方法を選ぶかはスタッフ配置数やスキル、能力の程度、施設や病棟の特色などを考慮して決めていく。

4 クリニカルラダーと目標管理制度

▎(1)クリニカルラダー

　クリニカルラダーとは、臨床実践能力段階をハシゴのように示したもので、特に看護職におけるキャリア開発を組織的に実践するうえで重要なツールとなっている。看護職は自己の看護実践能力の現在位置をラダーに示された基準によって確認できると同時に、より高次の能力段階へ到達するための成長課題を明らかにすることができる。

　日本におけるクリニカルラダーの活用は、1980年代後半に聖路加国際病院で始まった。その後、いくつかの病院で評価項目の改善がなされ、現在では能力開発のツールにとどまらず人事考課や昇格昇進の基準のツールとしても活用されている。

　クリニカルラダーには、作成の基となったベナー(P.Benner:1942-、アメリカの看護学の権威でカリフォルニア大学サンフランシスコ校教授)による理論があり、すでに多くの場でこの理論を参考にした臨床実践能力段階が設計されている。

　ベナー理論では看護臨床実践能力は大きく5段階に分けられるとし、看護学生の能力レベルを評価基準の1段階を「初心者」とした(**表5-3**)。その後、1年目の新卒看護師となって看護を少し経験し繰り返し起こる意味のある状況的要素に注目できる第2段階を「新人」、2〜3年の経験を積んで長期的な目標を立て、看護活動を意図的に、かつ計画的に行えるようになった第3段階を「一人前」とした。さらに、第4段階では、目の前にある状況を観察し、看護過程全体として状況をとらえることができる「中堅」へと進み、最終段階である第5段階では模範を示せる「達人」に進むとしている。

▎(2)目標管理制度

　目標管理制度は、自己の次なる目標へ具体的に行動するプロセスをマネジメントする

表5-3　ベナーのクリニカルラダー

1	初心者（Novice）	第1段階は看護学生のレベルである。
2	新人（Advanced Beginner）	第2段階は1年目の新卒看護師のレベルである。学生として看護を少し経験し、その知識（と判断）、そして技術（と態度）を積んだ看護師としての看護能力である。繰り返し起こる意味のある状況的要素に注目するようになる。しかし状況認識には経験ではなく手順を必要とする。
3	一人前（Competent）	第3段階は一人前の看護師のレベルである。同じような状況下で2～3年の経験を積んだレベル、長期目標を立て、看護活動を意図的かつ計画的に行えるようになる。多様な状況に合わせて行動することもできる。知識だけで看護判断を行うのではなく、さらにある程度の実体験に基づいた看護判断の指針を用いた看護実践が展開できる看護能力を保有する。
4	中堅（Proficient）	第4段階は中堅の看護師のレベルである。目の前にある状況を観察し、看護過程全体としてその状況をとらえることができる能力を持つ。思考によって現象を見るのではなく、経験や実際の出来事から現実を知覚する。
5	達人（Expert）	最終段階はエキスパートナースのレベルである。看護においては模範となる看護実践を保持する。達人看護師として、学問知と体験知を併せ持ち裏付けのある直感を備え看護を実践する。分析的な原則（ルール、ガイドライン）などに頼らず、状況を直感把握し、問題を明確にする。

出典：Beginner：Theory based Nursing

ツールで、多くの病院組織で導入されている。

　具体的には、あらかじめ定めた期間の最初に上司の助言を得ながら、部門目標につながる、自己の職務行動上の目標を決め、実践後、期中や期末にその目標達成度を上司と確認する。1954年にドラッカー（P.F.Drucker：1909-2005、米国の経営学者でマネジメント発明者と言われる。元クレアモント大学院大学教授）が、「目標による管理と自己統制によるマネジメント」として提唱したのが始まりとされる。

　この目標管理制度の最大の利点は、上司からの一方的な命令ではなく、部下が自ら自発的に目標設定に取り組み、自主性や自発性が成長意欲を強化する点にある。

　一方で目標が短期的になりがちとなり、目標達成を意識するあまり個人プレーを助長するなどの問題点も指摘されている。その問題点の底流には、本来、個々人の問題であるキャリア形成を組織としての目標に合わせ、相互に刺激しながら成長を視覚化して支援していこうとする目的が、上司が部門の目標を達成するための行動管理ツールとして運用する誤りにある。よって、目標管理制度のプロセスでは、医療サービス過程の展開と同じようにPDCA（Plan［計画］、Do［実行］、Check［見直し］、Action［改善］）サイクルが各組織階層と部門、個人の行動で継続して実践される必要がある（図5-2）。

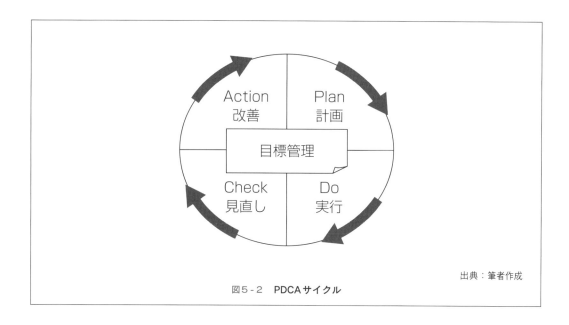

出典：筆者作成

図5-2　**PDCAサイクル**

5　人員計画と採用・配置

▌(1) 人員計画の策定

　人員計画とは、自院にとってどのような人材が、どのくらいの数必要かを短期(1年程度)と中・長期(3～10年程度)について計画することである。計画策定には、経営方針、経営戦略から求められる必要とする人材の変化、現在における人材の能力の把握、事業の成長予測が不可欠である。

　また、採用には新たなコストが必要となるので、できる限り配置・異動による人材活用策を優先する。短期的な予期せぬ退職や中・長期的な定年退職などによる要員の補充についても、あらかじめ余裕を持たせ、年齢を加味した人員構成、配置、育成を計画的に進めなければならない。

　採用における面接準備の具体的な流れは、次の①～⑧が例としてあげられる。

①履歴書、志望動機や将来の目標などをテーマとする作文課題、健康診断書、成績証明書など必要な応募書類を確定する。

②面接の日時、場所、面接者の確定や質問の順番、1人当たりの面接時間などのスケジュールと面接体制を確定する。

③募集要項を作成し、配布する。

④労働条件や処遇を説明する書類を作成する。

⑤勤務体制などの関連する書類を作成する。

⑥教育方針やプログラム、キャリアパスなどに関する資料を作成する。

⑦志望理由や希望部署とその理由、学校活動や地域における社会活動の実績など質問用紙を作成する。

⑧成績証明、サークル活動、ボランティア活動などの経歴と専門領域、新卒の場合は希望する領域などを総合的に加味して応募書類を審査する。

▌（2）配置と異動

　配置には組織ニーズと個人ニーズの2つの側面の統合が求められるが、組織ニーズは個人ニーズより優先させざるを得ない。また、看護配置は、医療法や診療報酬制度によって義務化されており、その遵守は組織ニーズや個人ニーズより最優先される。公的病院では定期的な人事異動が昇格・昇進の前提条件となって行われる場合もある。

　一方、個人ニーズの充足として実施される配置と異動には、出産や育児、介護など、生活環境の変化に応じた労働条件の配慮によるものが多く、新たなキャリア開発を目的とした人材育成のためのローテーション異動も日常的に行われている。

　このように組織ニーズと個人ニーズの統合では、組織ニーズが過度に優先され、個人ニーズが軽視されすぎると、結果としてモチベーションの低下や退職につながってしまうので十分な配慮を要する。すなわち、配置・異動計画の策定時には、可能な限り個人ニーズを尊重し、キャリア開発を考慮したローテーションを心がけるべきである。特に新卒者はキャリア目標が漠然として明確でない場合があり、事前に十分な面接を実施したうえで行う。安易な配属は、早期離職につながりかねないことに注意する。

▌（3）入職時オリエンテーション

　多くの病院において入職者を対象としたオリエンテーションが実施されている。これは、新人の職場への適応支援であり、軽視するとリアリティショックによる早期退職などを引き起こすことにもなりかねない。そのため、内容をよく吟味して実施する。

　具体的には、全職種を対象に、病院の歴史や理念、経営方針などのあと、組織や就業規則、各種会議運営の規範やルールの説明を行う総合オリエンテーションが数日から1週間程度実施される場合が多い。続く部門別オリエンテーションでは、各部門別の方針や目標、業務分掌に基づく役割と責任を説明するのが一般的な流れとなる。

6 タレント・マネジメントとRJP

▌（1）タレント・マネジメント

　タレント・マネジメントとは、各部門でバラバラだった人材に対する考え方や方針、運用を統合し、戦略的に採用、配属、教育、評価、人事考課などを組み立てて運用することで、職員一人ひとりの才能やスキルを最大限に引き出す人的資源管理の新たな手法である。

　主なメリットとしては、人材の適正配置にある。たとえば、新規部門の設立やプロジェクトチームの結成時などにおいて、組織内で最適な人材を素早く見出し選抜することで、人材活用の展開が効果的かつ迅速にできる。また、職員側は自分の適性に合った職務に従事することで、モチベーションとキャリアアップにつながる。

　タレント・マネジメントの導入には、人材は組織の重要な財産であると認識し、個々のタレントの活用や育成に対する方針を明確化する必要性がある。また、中・長期的な視点から人材育成に取り組むために、情報収集・蓄積によるデータベース化を図ることが求められる。

▌（2）RJP（現実的な仕事情報の事前開示）

　雇用のミスマッチを防ぐ方法としては、ジョン・ワナウス（John P. Wanous：米国の産業心理学者）によって提唱されたリアリスティンク・ジョブ・プレヴュー（RJP：Realistic Job Preview、現実的な仕事情報の事前開示）という採用理論がある。RJPでは、採用時のギャップによる離職を防ぎ、入職後の満足度を向上させるためには、組織文化や仕事内容、職場環境などについて良い面だけでなく、悪い面もできる限り具体的に開示し、それに納得した本気度の高い良質な母集団の中で、組織と応募者がお互いに適合性を見極めて選び合うことが重要であるとしている。また、具体的な効果としては、次のようなことが確認されている。

①職場や仕事に対する過剰な期待を事前に緩和し、入職後の失望・幻滅感を軽減するワクチン効果

②十分な情報を得て、自ら企業との適合性を判断し決定するという自己選択力の強化となるスクリーニング効果

③悪い情報もありのまま開示することで、オープンな雰囲気や誠実さを感じさせ、組織への愛着や帰属意識を高めるコミットメント効果

④組織が人材に何を期待しているかを明確に伝えることで、入職後、自分は組織の必要とする業務をしているのだと実感しやすく、仕事への満足度や意欲の維持・向上につながる役割明確化効果

問題 1　プロフェッションとキャリアついて、次の選択肢のうち誤っているものを１つ選べ。

[選択肢]

① ジェネラリストは、部門やプロジェクトの全体を管理する仕事を行う人で、スペシャリストは、特定の分野で専門的なスキルを発揮している人である。

② スーパーは、ライフ・ステージとライフ・ロールという２つの視点でキャリアをとらえ、キャリアの発達段階において特定の課題があることを提唱した。

③ シャインのキャリア・アンカーは、「専門・職能別コンピタンス」「全般管理コンピタンス」「起業家的創造性」の３つがあり、人はこの３つのコースを状況に応じて乗り移りながらキャリアアップしていくことである。

④ クランボルツの計画的偶発性理論では、人は自己のキャリアを意図的に計画して獲得するのではなく、結果を振り返りながら形成していくものだとしている。

⑤ キャリア開発プログラムには、職場で職務遂行を通じて知識や技能、態度などを修得するOJTと、職務や職場をいったん離れて集中的に学習するOff-JTがある。

解答
1

③

解説
1

①〇：たとえば、日本看護協会では、「ジェネラリストとは、特定の専門、あるいは看護分野にかかわらず、どのような対象者に対しても経験と継続教育によって習得した多くの暗黙知に基づき、その場に応じた知識・技術・能力を発揮できる者」とする一方で、スペシャリストを「一般的に、ある学問分野や知識体系に精通している看護職」とした。

②〇：ライフ・ロールとは、子どもから始まり、学生、余暇人、市民、親、配偶者、職業人、家庭人の8つがあり、その立場それぞれに成長期、探索期、確立期、維持期、解放期という5つの発達段階（ライフ・ステージ）を持ち、それぞれの段階で、探索、確立、維持、解放のミニサイクルがあるとしている。

③×：シャインは「キャリアをデザインするのは人である。ゆえに人はキャリアの目標を設定し、そこに向かうために何をするのか、あるいはいかに成長するのかを自らが計画することができる」とし、キャリア・アンカーには、①専門・職能別コンピタンス、②全般管理コンピタンス、③自立・独立、④保障・安全、⑤起業家的創造性、⑥奉仕・社会貢献、⑦純粋な挑戦、⑧生活様式の8つがあるとしている。

④〇：クランボルツは、人はそもそも自己の人生を切り開こうとする意欲があり、職業に興味を抱き、学習の機会を求めるが、キャリアは計画的ではなく偶発的な職業との出会いと挑戦意欲により形成されるもので、その繰り返しによってより高いキャリアへと上りつめていくとしている。

⑤〇：特に先進的な病院では、院内でのOJTプログラムとしてシャドウイングプログラムを実践している。シャドウイングプログラムとは、職務行動の優れた観察すべき人（ターゲット）の仕事ぶりをあたかも影のように追いかけ、その行動を観察する過程でターゲットの知識、判断基準、態度などを修得しようとするものである。

第6章

病院組織の経済学

1 労働市場（マクロ経済）
2 労働時間の決定理論

労働市場(マクロ経済)

経済学において、労働力を商品として需要と供給をめぐる取引が行われることを労働市場という。この労働市場では労働力の需要と供給の調整は賃金で行われると仮定する。労働力の超過供給の現象は失業であり、失業は賃金の下方硬直性と密接に結びついている。

1　労働市場の需要・供給と均衡

(1)労働量とは

労働市場では、労働者である職員(本章では労働者のことを職員と呼ぶ)は、家計が生活を営むために労働力を供給し、一方で病院などの組織は、医療等の生産のために職員を雇用する必要があるため労働力を需要する。

仮に、病院組織が医療法による人員配置基準がなく、自由な労働市場に置かれているとした場合、職員を1人追加で雇うごとに利潤が増加するのであれば労働力の需要を増やし続けるが、追加で雇っても、もうこれ以上利潤は増加しなくなった時点で追加の雇用をやめる。つまり、最適化を行う組織は、利潤を最大化しようとするので、収入−費用で最大の利潤をもたらす労働量を需要する。

そして、この労働量は職員が生み出す収入とその職員を雇用する費用を比較することによって決まる。一般的に機器などの資本の量が一定で、職員数である労働量を増やすと資本に対する労働量がだんだん過剰になって生産性が低くなる労働の限界生産力の逓減があると考える。

(2)労働市場の均衡

限界生産力とは、1人の職員が追加されることによって生み出される生産物の増加量である。また、職員の限界生産力の市場価値を、労働の価値限界生産力と呼び、組織は追加される職員がもたらす収入(労働の価値限界生産力)が、その職員を雇う費用(市場賃金)と最低でも同じである限り職員の雇用を増やし続ける。しかし、一般的に労働の限界生産力は逓減するので、雇用される職員数が増加するのに伴って、価値限界生産力は減少する。このことから、利潤を最大化しようとする組織は、労働の価値限界生産力と市場賃金が等

しくなるところまで職員を雇うこととなる。

　また、市場賃金が変化する場合、労働需要量は価値限界生産力を表した曲線に沿って移動する。このような右下がりの労働の価値限界生産力である曲線は、さまざまな賃金水準で需要される労働量がどのように変化するかについて、すなわち、需要される労働量と賃金の関係を表す労働需要曲線にもなっている。

　そして、労働需要曲線は、①生産物価格の変化、②生産物やサービスの需要の変化、③技術の変化、④投入価格の変化——の要因によってシフトする。一方の労働供給量と賃金の関係を表す労働供給曲線では、職員は、賃金が支払われる労働、余暇、その他の活動（育児、料理、掃除などの家庭内での生産活動など）に対して、自らの限られた時間を最適に配分しようとする。市場賃金が高い場合は、労働者は家庭の外で仕事をすることに、より多くの時間を使おうとするので、家庭内での活動や余暇に使う時間は短くなり、労働供給曲線は右上がりの曲線になる。また、この労働供給曲線は、①嗜好の変化、②時間の機会費用の変化、③人口の変化の要因によってシフトする。

　競争的労働市場における均衡とは、労働供給曲線と労働需要曲線の交点である（図6-1）。競争均衡賃金（W^*）では、労働供給量は労働需要量に等しい。賃金が競争均衡賃金（W^*）を上回る点では、労働供給量が労働需要量を上回り賃金を押し下げる。一方、賃金が争均衡賃金（W^*）を下回る点では、労働需要量が労働供給量を上回り賃金を押し上げる。

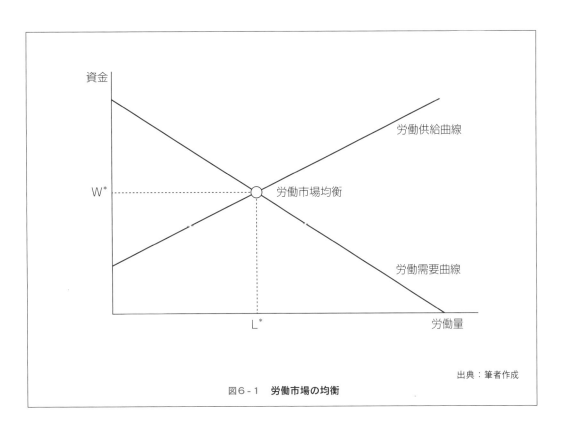

出典：筆者作成

図6-1　労働市場の均衡

2　ジョブ・サーチと失業

　労働市場が市場均衡賃金（W*）の状態で働く意思がある人は誰でも仕事を得ることができるが、実際は希望通りの仕事を見つけ出すには、求人を出している病院を探し、給与などを調べて比較する必要がある。さらに、採用されるには面接を受け、他の候補者と競争する必要があるので相当の能力と労力を伴う。このような仕事を探す活動をジョブ・サーチと呼び、ジョブ・サーチに時間がかかることに起因する失業を摩擦的失業という。

　労働供給量が労働需要量を上回る場合、賃金が市場の需要均衡水準（W*）よりも上回ることから失業率は上昇する。しかし、労働市場が自由であれば賃金水準が下がることで労働需要量が増加して、やがて労働供給量と均衡するので失業が解消する。

　このように労働経済は常に完全雇用となるという考えが古典派経済学である。それに対して、ケインズ経済学では、労働市場における競争均衡を上回る水準で賃金が固定される状態、すなわち賃金には硬直性があるので、労働供給量が労働需要量を継続的に上回っているときには、労働市場だけに任せていても失業は解消せず、構造的失業が起こるとしている。

　賃金の硬直性はさまざまな原因で起きるが、市場賃金が市場均衡賃金より高い水準で維持されることにより、市場賃金で仕事に就きたい労働者を失業させてしまう。

3　最低賃金

　労働市場に最低賃金がある場合、労働供給量は労働需要量と等しくはならない（図6-2）。最低賃金（W）は市場均衡賃金（W*）よりも高い。最低賃金（W）がある場合は、病院組織が需要する労働量は、職員が供給する労働量よりも少なくなる。結果的に最低賃金（W）での供給量と需要量のギャップで示されるように、一部の職員は仕事に就くことができない。このような失業者は、最低賃金（W）の賃金水準で喜んで働くであろうし、最低賃金（W）よりも低い賃金水準であっても喜んで働くかもしれない。

　最低賃金（W）が定められることにより、雇用主は労働供給量と労働需要量が等しくなるような賃金水準では労働者を雇用することができなくなっているので、最低賃金（W）の水準が下方硬直的であると失業率の解消にはマイナスの影響を与える場合がある。

　日本には、都道府県ごとに決められている地域別最低賃金と、すべての産業で働くすべての労働者に適用される最低賃金の2つがあるが、女性、中卒・高卒、地方勤務、小売・卸売・飲食・宿泊業、パート・アルバイトといった属性を持つ労働者は、最低賃金水準で働いている可能性が高く、最低賃金が上昇すると10代男性労働者と中年既婚女性の雇用を減少させる影響を与え、本来、社会的弱者保護を目的とした政策がかえって社会的弱者の雇用を不安定にさせる場合もあることがわかる。

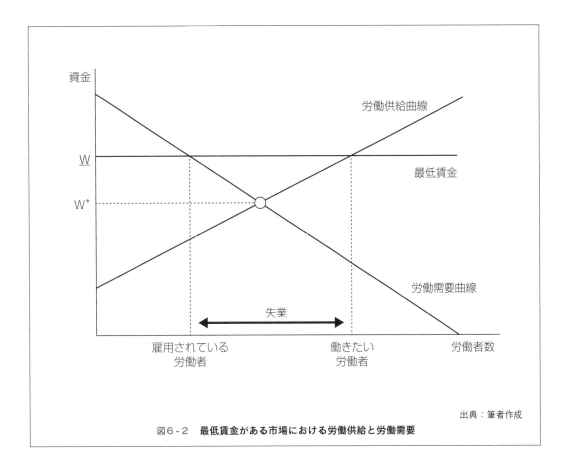

図6-2　**最低賃金がある市場における労働供給と労働需要**

出典：筆者作成

② 労働時間の決定理論

１　働く側から見た場合

（1）賃金水準や所得が職員確保に与える影響

　ここでは職員が所得（Y）と余暇（Le）の２つの行動を選ぶ際に、一定の水準の効用（満足度）を達成する組み合わせの集合を表した無差別曲線と、病院側が職員を雇う賃金と人数の関係を示す予算制約線で分析する無差別曲線理論を用いて、家計による労働供給量の決定、すなわち賃金水準や所得が職員確保に与える影響について学ぶ（図6-3）。

　労働供給量（L：Labor）とは、積極的に労働しない余暇（Le：Leisure）の消費量と逆の意味なので、働く時間である労働供給量（L）の決定と、働かない時間である余暇時間（Le）の

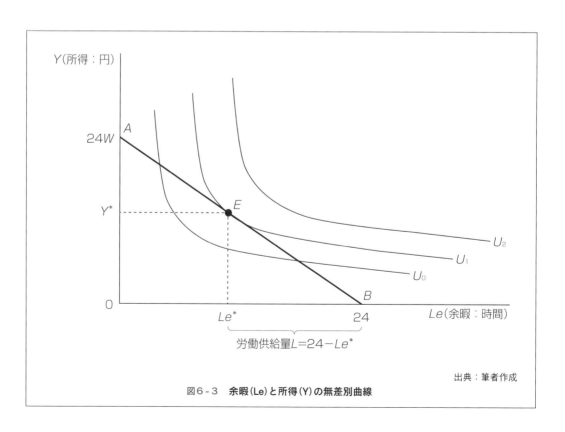

図6-3　**余暇（Le）と所得（Y）の無差別曲線**

出典：筆者作成

決定は同じ意味を持つ。すなわち、働く側の職員の家計において、1日24時間のうち何時間を余暇(Le)に選び、何時間を労働に選ぶかの選択だと考える。

そして、所得(Y)を縦軸として、24時間から余暇時間(Le)を引いた労働時間$(24-Le)$の労働供給量(L)を横軸とすることで、所得と労働時間の関係を分析することができる。また、ここでいう所得(Y)は、時間当たりの賃金である賃金率(W:Wage)、すなわち時給に、労働供給量(L)である労働時間を掛けたものとすればわかりやすい。

たとえば、横軸の余暇(Le)に24時間すべてを消費した場合、縦軸の所得(Y)は、労働(L)をしていないのでゼロ$(L=24-24)$となる。その逆に、実際には睡眠時間があるので実現できないが、24時間すべてを労働した場合、余暇(Le)はゼロとなり、所得(Y)は24時間に時間当たりの賃金(W)を掛けた$24W$となる。この横軸の余暇(Le)24時間で所得ゼロの点（点B）と、縦軸の余暇ゼロで所得$24W$の点（点A）を結んだ線が賃金率Wのときの予算制約線となる。

そして、余暇(Le)は所得によってのみ、効用を得るものと仮定する。また、①完全性の仮定、②不飽和の仮定、③推移性の仮定、限界代替率低減の仮定をおくと、余暇(Le)と所得(Y)の間の無差別曲線は、①無限に描ける、②右下がり、③右上方の無差別曲線ほど効用が大きい、④原点に凸、⑤お互いに交わらないという性質を持つ。

よって、働く側にとって余暇時間(Le)と所得(Y)のバランスを最適にする労働供給量(L $=24-Le$)は、最も右上方にある無差別曲線と予算制約線の接点(Y^*、Le^*)となる。

▌(2)賃金率の上昇と労働供給量の関係

ただし、この理論には問題点も少なくない。たとえば、労働時間以外はすべて余暇時間としており、家事や育児、介護といった家庭内労働も余暇のなかに含まれてしまっている。また、このモデルでは、働く側の職員は自分の労働時間を賃金水準に沿って自由に選べる前提であるが、日本の現状は正社員であれば8時間勤務を自由に変えることは容易ではない。さらに、余暇時間(Le)の価格である賃金率(W)が上昇すると、代替効果によって、労働者である職員は、時間当たりの稼ぎが割高になった余暇(Le)の時間を減少させて、労働時間である労働供給量(L)を増加させて稼ごうとする。

その一方で、賃金率の上昇は、所得(Y)を増加させるが、所得効果がある上級財の余暇は、同時にこの所得(Y)の上昇によって需要量を増やしていき、次第にもっと働くよりも余暇を楽しもうと労働供給量(L)を減少させるようになる（図6-4）。よって、賃金率の上昇による労働供給量(L)、すなわち、人的資源管理から見ると雇用環境変化は、代替効果の増加と所得効果の減少の合計である価格効果(全部効果)によって影響を受ける。

▌(3)代替効果と所得効果のバランス

一般的にこの合算効果(全部効果)である代替効果と所得効果のバランスは、賃金率(W)

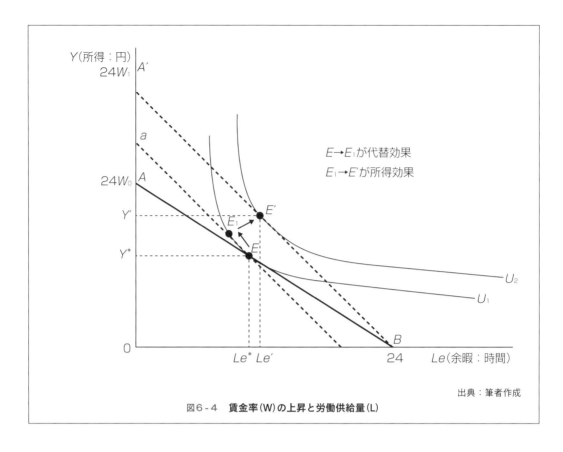

出典：筆者作成

図6-4　賃金率(W)の上昇と労働供給量(L)

が一定の水準に達したときに変化する。賃金率(W)を縦軸に、労働供給量(L)を横軸すると、賃金率(W)が一定水準以下の場合は、賃金率(W)を上昇させると、余暇価格(Le)が上昇するので余暇を減らし、もっと働いて豊かになろうとする代替効果のほうが、余暇を選んで増やそうとする所得効果を上回る。そのため、余暇の消費量は減少し、結果として労働供給量(L)は増加していく。

　しかし、賃金率(W)がある一定の水準に達すると、生活のゆとりが増し余暇をたくさん増やしたいと思う所得効果が、余暇を減らして少しでも豊かになろうとする代替効果を上回るので、余暇の消費量(Le)は増加し、労働供給量(L)は減少していく。

　このように、労働供給量(L)が、ある一定の賃金水準(W)以下までは増加するが、一定の水準以上から減少に転じることを後方屈曲型労働供給曲線という(図6-5)。

2　雇う側から見た場合

　次に、職員を雇う側からの労働時間と雇用者数の関係を学ぶ。縦軸に雇用者数(N)を、横軸に労働時間(H)とすると、人件費を等しく保った場合における雇用者数(N)と労働時間(H)は等費用曲線で表すことができて、1人当たりの労働時間が長いと雇用者数は少な

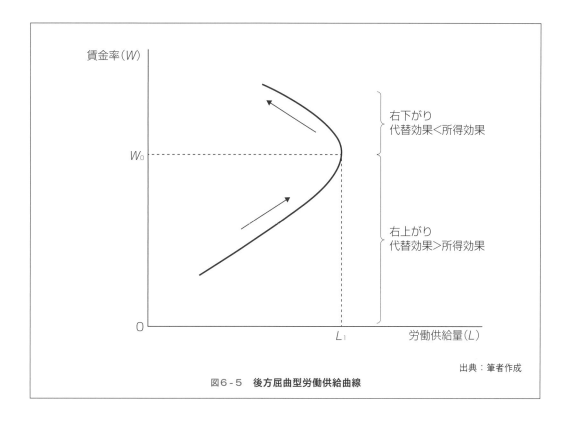

図6-5　後方屈曲型労働供給曲線

出典：筆者作成

くて済むので、右下がりで原点に凸となる（図6-6）。

　ただし、労働時間には、週40時間といった法定労働時間（T）があり、それを超える場合は、超過勤務で割増賃金が発生するため、1時間当たりの人件費が上昇し、等費用曲線の傾きは労働時間（T）を境にして屈曲する。

　一方で、生産量は雇用者数（N）と労働時間（H）の組み合わせで決まり、ある生産技術上での同じ生産量を保った場合における雇用者数（N）と労働時間（H）は等量曲線で表すことができ、1人当たりの労働時間が長いと雇用者数は少なくて済むので、右下がりで原点に凸となる。

　このことから、等費用曲線と等量曲線が接する点（N^*、II^*）において、組織がある生産量を達成するのに費用を最小にでき、最も効率的の良い労働時間となる。

3　長時間勤務の要因

　この2つの生産量の変動に対して、日本のこれまでの労働環境では、雇用する組織側は、正社員を自由に解雇できない下方硬直性があるために、生産量の変動リスクに対して雇用者数（N）の変動で対応できず、1人当たり労働時間（H）を変動させることで調整しようとしてきた。よって、雇用する組織側は超過勤務を増やし、長時間勤務させようとする。

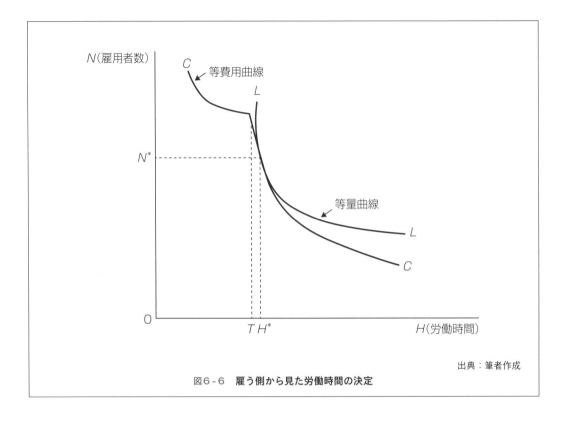

出典：筆者作成

図6-6　雇う側から見た労働時間の決定

　また、1時間当たりの賃金水準(W)は、男性正社員が高く、女性パート社員は低いため、家事を含む余暇と労働時間の夫婦間のバランスは、家計全体の代替効果を高めようとして、女性が家事を行い、男性が超過勤務をする性役割を選択する。

　これにより、働く側の職員にとっても、男性正社員の超過勤務をさらに増やして長時間勤務となるというのが、労働経済学から見た日本の長時間労働の理由である。

問題 1　組織の経済学について、次の選択肢のうち誤っているものを1つ選べ。

[選択肢]

①限界生産力とは、1人の職員が追加されることによって生み出される生産物の増加量である。

②労働需要曲線は、嗜好の変化、時間の機会費用の変化、人口の変化の要因によってシフトする。

③ジョブ・サーチに時間がかかることに起因する失業を摩擦的失業という。

④ある一定の賃金水準以下までは労働供給量が増加するが、一定の水準以上から労働供給量が減少に転じることを後方屈曲型労働供給曲線という。

⑤正社員を自由に解雇できない下方硬直性は、長時間勤務を是正する効果がある。

解答1

②

解説1

①○：職員の限界生産力の市場価値を、労働の価値限界生産力と呼び、組織は
追加される職員がもたらす収入（労働の価値限界生産力）が、その職員を
雇う費用（市場賃金）と最低でも同じである限り職員の雇用を増やし続け
る。

②×：嗜好の変化、時間の機会費用の変化、人口の変化の要因によってシフト
するのは労働供給曲線である。労働需要曲線は、生産物価格の変化、生
産物やサービスの需要の変化、技術の変化、投入価格の変化の要因によっ
てシフトする。

③○：労働市場が市場均衡賃金（W^*）の状態にある場合、働く意思がある人は
誰でも仕事を得ることができるが、実際は希望通りの仕事を見つけ出す
には、求人を出している病院を探し、給与などを調べて比較する必要が
ある。

④○：賃金率がある一定の水準に達すると、生活のゆとりが増し余暇をたくさ
ん増やしたいと思う所得効果が、余暇を減らして少しでも豊かになろう
とする代替効果を上回るので、余暇の消費量は増加し、労働供給量は減
少していく。

⑤○：日本のこれまでの労働環境では、雇用する組織側は、正社員を自由に解
雇できない下方硬直性があるために、生産量の変動リスクに対して雇用
者数の変動で対応できず、１人当たり労働時間を変動させることで調整
するので、雇用する組織側にとって超過時間を増やし長時間勤務となる。

第7章

人事評価制度

人事評価制度の体系

1 職能資格制度

　日本における人事評価制度を理解するには、1960年代の高度成長期から1980年代までの約20年間、多くの企業や病院で人事制度の中心的タイプとして採用され、現在でも維持されている職能資格制度の理解が不可欠となる。

　職能資格制度とは、組織構成員の職能のレベルに応じた人事制度上の格付けである職能資格等級を仕組みの軸に置いた制度のことである。この制度の下では、職員にはそれぞれの職種ごとに設けられた職能基準に照らして職能等級が与えられ、かつ、その等級ごとに賃金等の処遇が決定される（図7-1）。

　また、職能、すなわち職務遂行能力には、知識やスキルなど就学などで学習し、獲得した修得要件と、指導力や判断力などの実際に働きながらその経験に基づいて習得していく習熟要件があり、単年度ごとにこの2つの能力が上昇する前提で昇格・昇進と連動させる。すなわち、この修得と習熟の2つの能力要件の単年度ごとの持続的成長に着目したのが、日本の職能資格制度の最大の特徴と言える。

	ランク	定義	経験年数	昇格基準	格付	対応職位
管理・専門職能	M9級	統率業務	―			部長
	8級	管理業務	6	実績		次長
	7級	企画業務	5			課長（師長）
				登用試験		
中間指導職能	S6級	監督業務	3～5			係長（主任）
	5級	指導業務	3～10	能力		主任
	4級	判断業務	2～8	昇任試験		上級職員
一般職能	J3級	熟練業務	2～5		大卒	中級職員
	2級	定型業務	2	勤続	短・専	一般職員
	1級	補助業務	2		高卒	初級職員

出典：筆者作成

図7-1　職能資格制度の体系（参考事例）

　そして、その職能基準は、各職場で業務上必要とする能力の抽出によって、それを難易度で序列化することで設定される。加えて、組織の役職である職位は、この職能基準を満たした者の中から職位のグレードごとに選ばれ、職能資格と職位は一定の幅でリンクしている。

2　人事評価

　人事評価制度とは、職員の職務の能力、遂行度、業績等を評価し、組織が期待する行動を奨励し、改善すべき点を克服して職員の成長と報酬分配の根拠を得ることを目的としたものである。特に職員のモチベーションの維持・向上は人事評価制度の重要な目的のひとつで、その手段として賃金や昇格・昇進等の人事施策に反映させるインセンティブを活用する。

　よって、人事評価制度はそれ単独で機能するものではなく、組織が職員に期待する役割を階層化した等級制度と、その等級制度の基準に照らして組織内での評価が高まり等級が上がる昇格制度、さらに職員の能力開発を目的としたキャリア開発など、他の人事制度と密接な関連を持って一連の人的資源管理システムを形成している（図7-2）。

　具体的には、仕事に必要となる能力基準を示した職能要件書によって示されることが多いが、実際には高い能力を持つ職員が必ずしも高い業績を成し得るとは限らない。この点を補うことを目的に人事評価制度では、総合的な視野で仕事ぶりの評価が加えられる。

　さらに、チームやグループなどの集団で仕事をしている職場では、各個人が高い能力を

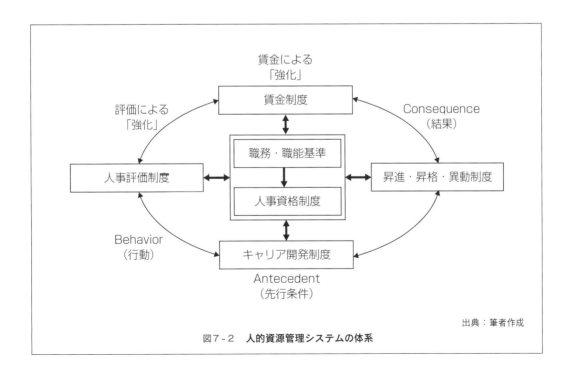

図7-2　**人的資源管理システムの体系**

出典：筆者作成

持っていてもメンバー相互の人間関係などに影響され、個人別の能力の総和が全体として高いパフォーマンスにつながるとは限らない。この点においても人事評価では、メンバーとしての規律性・協調性・積極性・責任感などの情意評価が加えられることも多い。

　一般的に人事評価制度は、次の３つによって総合的に構成されている。

①能力評価

　職能資格制度の中核に位置付けられ、資格等級にふさわしい習得要件と習熟要件を基準以上保有しているか、あるいは、それはどの程度成長したかを評価する。

②成績評価

　６か月あるいは、１年間の評価期間内で、能力を活用し、組織や上司から指示された仕事や自ら定めた仕事の目標に対する質と量の達成度や出来栄えを評価する。特に期間内に各職員が個別に目標を定め、P（計画）→D（実行）→C（見直し）→A（改善）のマネジメントサイクルを繰り返す目標管理制度（MBO）を活用して評価を行う場合が多い。

③情意評価

　仕事における前向きな姿勢や取り組み意欲などを評価するもので、客観的というよりは、評価する側が受け取る、いわゆる一生懸命さや真面目さがその評価対象となっている。

　さらに、この３つの評価の視点に加え、コンピテンシーによる新たな評価が普及している。コンピテンシーとは行動によって見極められる動機・自己効力感・思考・スキル・知識などを含む総合的な能力の概念であり、高い業績につながると予測される行動の背景にある潜在的な特性を観察し、それを評価するものである。

3　欧米との比較で見る日本の人事評価

　このように、職務遂行能力の有無に着目する日本の人事評価制度に対して、欧米では仕事の内容、すなわち職務の難易度に着目して等級を定める職務等級制度が主流である。この制度の下では、同じ職務であれば経験や年齢など属人的な要素は考慮しない同一職務・同一賃金が原則で、賃金などの処遇を上げたければ、さらに上位の職務等級の空きポジションを組織の内外を問わず探して採用される必要があり、場合によっては入職した直後から次の転職先を考えるといったケースも少なくない。

　よって、終身雇用制を前提とした組織内の価値を評価する日本の従来型の制度とは異なり、仕事の価値を高めることが高い評価と賃金につながる傾向がより鮮明となる。

　すなわち、日本の職能等級制度の下では、保有能力が上がれば昇格基準を満たすことができるため、処遇を職務や役職と切り離して柔軟に昇進・昇給を運用できるメリットがある。一方、デメリットとしては、欧米のように同じ仕事（職務）をしている２人が同一の等級で処遇されるとは限らず、優秀な人材のモチベーションを昇格・昇進させづらい点がある。

② 人事評価の変遷

1 日本の人事評価の特徴

　日本の組織における人事評価の特徴は、新規学卒者が学校卒業後、直ちに企業や病院に就職して定年まで勤務する終身雇用が前提にあったと言われている。一般的に、この終身雇用は、第二次世界大戦後の長期化した労働紛争の対応に苦慮した企業と労働組合による労使協調型の経営から生まれたとされる。終身雇用は労使にとって、下記のような相互メリットがある。

①人材を多能工化できる

　職務の境界をある程度曖昧にし、相互の職務を幅広く重ね多能工(職)化することで、職場間に発生する労働量の過不足を補完する関係をつくることができる。たとえば、欠勤があった場合でもその職務を職場の誰かが代替しやすい。

②暗黙知を含むノウハウの伝承

　同じ職場で中・長期的に働くことで、マニュアルなどに形式化できない暗黙の経験知も含めたノウハウをじっくりと上司が部下に伝承できる。また、そのノウハウが組織外に流出しにくい。

③組織への帰属意識(コミットメント)が高まる

　解雇への不安を抱えることなく安心して仕事に専念でき、中・長期的な視野で仕事に取り組み、改善や改革の意欲、後輩の育成など、組織への貢献意欲が深まる。

④組織内でのより効率的な人員配置

　計画的なローテーションを行うことで教育、育成の効率性が向上する。ゼネラリストの養成によって、転勤も含め部門ごとの必要人数に応じた柔軟な配置転換を行うことができる。

　その結果、終身雇用制度は社会全体の仕組みとして定着し、業種を問わず病院の経営組織にも採用されることとなる。また、同時期に起こった経済の高度成長による労働力の安定的確保の必要性は、この制度にさらに拍車をかけ、賃金面においても定年以前の退職が不利となる年功賃金や退職金制度によって定着率が一層強化された。

2　終身雇用の限界

　しかし、組織内部に安定した労働力を確保し、組織へのロイヤリティを高め、計画的で効率的な人材育成を行うことができた終身雇用は、需要の先行きが見通せない経営環境となった今日では、かえって雇用調整の柔軟性さに欠けるデメリットにもなっている。

　また、社会保障制度を財源として比較的需要が安定しているとされる医療界においても、景気の長期低迷による患者の医療費負担感の増加、政府による医療費削減、建築設備投資の増加などにより経営が悪化し、組織の構成員や処遇を変更しなければならなくなった経営環境から見れば、これまでどおり定年までの雇用を前提とした終身雇用を引き続き維持できる保証はない。とりわけ、いわゆる公務員型の人事制度を採用する自治体病院等の公的病院では、年功型賃金制度によって労働分配率が上昇し、一部では人件費が医業収益の７割以上にも達して慢性的な赤字経営にもなっている。さらに、同期入職の役職ポストは不足し、中堅層のモチベーションが低下するのに対して、これら中・高年の処遇をどのように行うべきなのかは、組織にとって大きな問題となっている。

　こうした経営環境の変化に対して、従来型の終身雇用に基づく労務管理システムを抜本的に変えざるを得ない状況となり、その変革の波は、病院における労務管理のあり方にも例外なく押し寄せている。

3　職能資格制度の限界

　終身雇用を支えた職能資格制度による人事評価は、長く日本が高い競争力を維持できた基盤をなすもので極めて効果的であった。

　特に日本の組織構造では、職務範囲と権限は厳密に公式化、集権化、標準化されたものではなく、職務の境界や権限が曖昧な傾向が強く、職員の相互の協力と補完関係によって柔軟な対処による仕事を可能とした。したがって、個々の専門分野や職務を限定せずに、終身雇用を前提とした長い期間を経ながら、その組織における独自の能力を総合的に習得させていくことに主眼を置いていた。すなわち、その組織内での経験の豊富さが能力の価値につながって、結果として年功序列や終身雇用といった慣行を強化した。

　また、職能資格制度下では、個々の専門的なキャリアは明確に示されず、特に管理職候補者はより多くの職場のローテーションを経てゼネラリストとして成長していく。職務が曖昧であるがゆえに、対人コミュニケーション能力が重視され、組織内のインフォーマルな関係や意欲的な勤務態度など、客観的に評価しづらい情意評価のウエイトが高まる結果となった。

　しかし、この職能資格制度は、日本が高度成長を続けて連続的に安定した経営環境に適応していくためには都合のよいシステムであったが、いわゆるバブル経済の崩壊が起こり、

病院で医療費削減政策が強化される1990年代以降は、曖昧で主観的に陥りやすい評価項目が問題視され、高い業績を達成できるプロフェッショナル指向の若い人材を積極的に登用する制度へと転換が進んでいる。

4 労務管理の変化

このように、1960年代から続いたわが国の高度経済成長によって支えられた終身雇用、年功序列に加えて、企業を単位として職種に関係なく生涯ともに働く職場の仲間として利害が一致するメンバーによって組織される企業別組合という3つの特徴を持つ日本の雇用制度は、1973（昭和48）年の石油危機で高度経済成長に終止符が打たれると、陰りを見せ始める。当時の国民生活審議会（内閣総理大臣の諮問機関）では、組織優先の日本的雇用慣行を見直し、個人の生活を重視するため弾力的な雇用システムに転換するよう提言した。その背景には、次のような社会構造的な変化があり、それによって日本的雇用は徐々に形骸化が進んだとも言える。

①人件費の変動費化の必要性

医療制度の度重なる改定によってコスト削減の圧力は高まった。これを回避するためには、長期的な固定資本の投資はリスクが大きく、変動費化することが課題となってきた。特に人員数の規制が緩い医療事務職の人件費において、終身雇用に基づく長期的な人材の採用を手控え、仕事の量によって人件費を変動できるパートや派遣職員の活用が増え、かつ賃金が高い中・高年労働者の割合を低くする動きが活発化した。

②業務スキルの変化

情報システムの高度化は、従来の仕事の仕方に大きな変化をもたらし、同時に職員に求めるスキルについても、特にOA機器の操作能力を必須条件として求めるようになってきている。しかし、従来型のビジネススタイルに慣れ親しんだ中・高年にとっては、賃金に見合った労働の提供ができない場合が増えてきた。

③管理職の役割変化

情報ネットワークの整備は、組織内のコミュニケーションの方法に変化をもたらした。従来の管理職の重要な役割であった情報の管理・伝達や、組織間に発生する摩擦の調整、職場の管理・監督機能が削減された。このような組織のフラット化により、ポスト不足が進んだ。

④組織の束縛を嫌う傾向

終身雇用の利点とする職務区分の曖昧さは、その逆に境界線上にある業務の相互依存関係を深め、過度の気遣いを求めやすい。職場の人間関係を単純化し、可能な限り摩擦を起こさないことを望む傾向が強まっている若年層にとって、上司や同僚、部下への配慮を求める組織への忠誠心は、その精神的な束縛を意味する。このような人間関係の束縛や希薄

化が早期退職者を増加させているとも言える。

⑤個人によるキャリア志向

バブル崩壊後のリストラ現象は、若年層に職位が高い管理職が必ずしも組織内で安定した地位を維持できるとは限らないことを示すこととなり、終身雇用による昇進等の若年層職員と組織の明文化されていない暗黙の契約関係を希薄化させた。また、技能を身につけたスペシャリストといった、組織に頼らない自らのキャリア形成への志向が高まった。

⑥転職志向の増大

とりわけ若年層において、転職によって自らのキャリアを高めようとする意識が高まり、所属する会社や病院を選ぶというよりは、より幅広い視野で職業を選ぶ意識が高まった。

⑦中途採用の増加など、即戦力志向

従来のような大量の新卒総合職の定期一括採用から、年間を通じた中途キャリア採用を重視し始めた。新卒採用においても、潜在能力よりも、就学によって取得した知識や技術を重視する即戦力となる人材の採用が行われるようになった。

⑧自主的な配置・異動によるキャリア形成

個人によるキャリア形成を目指す傾向を受けて、多様な職場の経験が組織内でできるように、自己申告制や新規プロジェクトチームの組織内公募、転勤の範囲を限定する勤務地限定職員制度などがつくられた。

⑨早期退職制度や選択定年制

定年前の自発的な退職に対して退職金を増加する早期退職優遇制度を設け、定年直前の賃金を下げる代わりに定年年齢を高くし、より長く勤務することができるといった定年年齢を選択できる選択定年制を導入するなど、中・高年層の雇用対策が行われるようになった。

⑩ワーク・シェアリング

ワーク・シェアリングとは一時的に急に仕事量が減ったときに、職員を解雇せず、その仕事を緊急避難的に従業員全体で分かち合ったり、組織全体で労働時間を短縮したりするなど、勤務形態を多様化して雇用を維持・拡大しようとするもので、政府も積極的に取り組み始めた。

複線型人事制度とコンピテンシー

1 複線型人事制度

　複線型人事制度とは、ゼネラリストとして管理職になる単線型のキャリアアップコースだけではなく、専門職といった特別の資格や役職を設け、従来型のキャリアパス（コース）と並行して運用していく制度のことである。

　この制度の目的は、特に専門職として技術を研鑽してきたが管理職としては不向きで、むしろ引き続き部下を持たずに自分自身の職務に没頭したい職員に対して処遇の場を与え、それまでのキャリアを継続して能力を発揮してもらう機会を提供しようとするものである。すでに看護職を中心に、将来、看護部長や副院長を目指すコースや、特定の分野のエキスパート・ナースを目指すコースなど、複線型のキャリア・コースごとに認定研修資格制度を持つ病院組織も多い。

2 コンピテンシー

　複線型のキャリア・コースを設定すると、各コース別に目指すべきキャリアステップを明確に示す必要が生じる。そのエキスパート像の視覚化を促す方法としてコンピテンシーがある。

　コンピテンシーとは、マクレランド（D.C.McClelland：1917-1998、米国の心理学者で元ハーバード大学教授）らによって開発され、高業績者に共通して見られる「ある職務や役割において優秀な成果を発揮する行動特性」と定義される。すなわち、院内で高い成果を上げている職員の技術・知識・態度を細かに観察して、仕事のできる要因を明らかにするものである。

　コンピテンシーの要素を行動基準や評価基準で明確化することによって、職員全体のキャリアアップや人事評価に応用する。コンピテンシーに基づく人事評価の主なメリットとしては、次の３つが挙げられる。
①行動基準や指導基準を示すことで行動の質を高められる
②ノウハウやコツの共有化を図り、ナレッジマネジメントが実践できる
③能力評価のための具体的な指針として利用できる

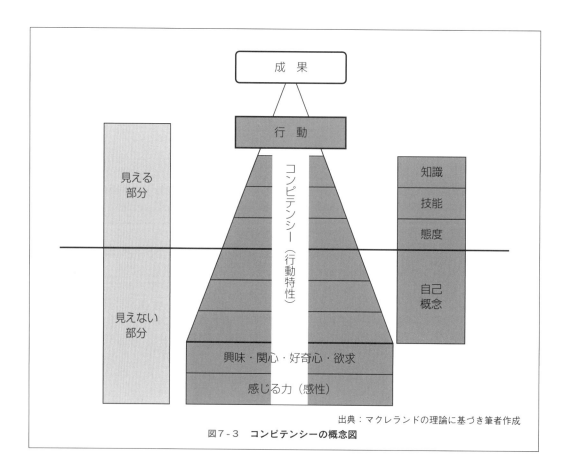

出典：マクレランドの理論に基づき筆者作成

図7-3　**コンピテンシーの概念図**

4 評価の実際

1 評価者と尺度

　人事評価を行う評価者は、評価エラーの防止と全体バランスをとるために、1次評価者から2次評価者のように多段階的に行われることが多い。その部下の仕事ぶりをよく観察できる直属の上司が1次評価者となり、その後、その部門を統括する上司によって内容チェックと全体的な横調整を経て、人事部門に集約される。

　人事部門では、各部署から集められた評価表に基づき、昇給、賞与の原資の配分や、昇格・昇進人数など相対的な評価ランクを加えて組織全体のバランス調整を行ったうえで最終決定する場合が多い。評価尺度であるランクは、一般的に、S＝非常に優れている、A＝優れている、B＝普通、C＝劣っている、D＝非常に劣っている、などのように標語で付けられ、人数配分には一定の配分割合が設けられている場合が多い。これによって評価ランク人数の全体的バランスと毎年の昇給額や昇給人数が相対評価として調整されることになる。

2 フィードバック

　人事評価の公平性と妥当性、信頼性は、上司が部下に期待する職務の内容・範囲・達成レベルを正確に判定することで担保される。しかし、実際は、その評価過程で本来は評価対象でない関連する行為を職務範囲として広げ、上司が評価対象に含めてしまうことは少なくない。

　たとえば、期待する優秀な部下には同等の部下より厳しい評価を下してしまいがちとなることや、期中の人事評価上の職務に将来的な育成上の期待感に基づく職務を盛り込ませることなど、公平性を歪める主観的な評価がなされることがある。したがって、上司に対する評価者訓練によって、評価者によるバラツキや誤解をなくすようにする。

　また、評価項目のウエイトが現場に委任され、上司と部下との間で重点的に評価したい項目を設定する制度を導入している場合には、上司は部下へ期待する具体的な成果目標の伝達を徹底する。そして、院内に「人事評価のためのガイドブック」を策定し、上司の必携テキストとして熟読させることも効果的である。

3　人事評価エラー

人事評価エラーとは、人事評価の際に評価者が陥りやすい過ちの総称で、具体的には次のようなエラーがある。エラーを回避するためには、評価者訓練によって適切な人事評価の運用に向けた指導を徹底する必要がある。

(1)ハロー効果

ハロー(halo)とは、後光、光背、光輪の意味で、何か1つでも美点があると後光が差したように、その人のすべてがすばらしく見えてしまうことで、ある特定の現象に幻惑され周辺の状況を見誤る傾向をいう。たとえば、きれい好きなだけで、仕事も正確、丁寧、配慮が行き届くように見えてしまう現象などである。また、その逆に、1回の不注意で、仕事の能力全体が劣っていると決め付けてしまうこともハロー効果である。

(2)対比誤差

評価者が自分の能力、特性と反対の方向に部下を評価する傾向をいう。その原因は、自己中心的に自分の主観的な価値判断で評価することに起因する。いわゆるエリート意識の強い評価者ほど陥りやすいので注意を要する。よって、人事評価は、評価基準に照らして行うべきであり、自分との相対評価ではないことを徹底する。

(3)寛大化傾向／厳格化傾向

実際よりも評価を甘くつけてしまうのが寛大化傾向、辛くつけてしまうのが厳格化傾向である。寛大化傾向は、評価者の評価結果が厳しい場合や総合的に不揃いである場合、特定の部下に対する人情、信頼感、評価者の自信欠如、観察不十分等が起因する。それに対して厳格化傾向は、上司が特定の部下と感情的にトラブルがあった場合や、日ごろから減点主義で部下を見ている評価者に多い。

(4)中心化傾向

可もなく不可もなしという気持ちで評価尺度の中心(たとえばB)に集中した評価を下し、その結果、全体として優劣の差があまりない状態となってしまうことをいう。事なかれ意識や、評価結果の差を出すことへのためらい、自信のない場合や被評価者についてよく知らない場合に起こる。対応としては、評価者は日ごろから判定材料となる事実を観察しておくこと、是非をはっきり言い合えるオープンな人間関係を構築しておくことなどが重要となる。

■（5）逆算化傾向

　最初に部下の総合評価の結果をイメージしておいて、あとから項目ごとの評価点数をつじつま合わせで作成することをいう。評価者の思い込みや決め付けではなく、評価項目ごとに評価を行い、積み上げるというプロセスを守る必要がある。

■（6）論理的錯誤

　評価者が論理的に考えるあまり、関連のある評価要素には、自分勝手に関連付けて同一あるいは類似した評価を下す傾向のことを言う。たとえば、理解力に高評価を付けたのだから論理的にいって判断力も高く付けないとおかしいなどと理屈を付けるエラーのことである。こうしたエラーは、評価を人物評価する傾向が強い上司にありがちなので注意を促す。

■（7）期末効果

　評価対象期間が長いと、評価時期に近い職務行為の印象が強くなり、それに引きずられ、評価対象期間全体の評価ができないことを言う。上司が日常業務の中での評価に対する関心が薄い場合や、人事評価のための記録を維持していない場合に起こりやすい。このことからも、評価者が評価の根拠となる事実を日ごろから部下ごとに記録・メモすることが、適正な人事評価にいかに不可欠であるかが理解できる。

問題 1　日本における終身雇用制のメリットについて、次の選択肢のうち誤っているものを１つ選べ。

[選択肢]

①人材を多能工化できる。

②年功型賃金を防止できる。

③暗黙知を含むノウハウを伝承できる。

④組織への帰属意識（コミットメント）を高められる。

⑤組織内でより効率的な人員配置ができる。

確認問題

解答 1　②

解説 1

① ○：職務の境界をある程度曖昧にし、相互の職務を幅広く重ね多能工（職）化することで、職場間に発生する労働量の過不足を補完する関係をつくることができる。たとえば、欠勤があった場合でもその職務を職場の誰かが代替できる。

② ×：終身雇用は、人材の流動化が硬直的なシステムであるため年功型賃金を生み、大量入職した団塊の世代が年功昇進のもとで役職に就く年代になると、人件費負担が重くなる。

③ ○：同じ職場で中・長期的に働くことで、マニュアルなどの形式化できない暗黙の経験知も含めたノウハウをじっくりと上司が部下に伝承できる。また、そのノウハウが組織外に流出しにくい。

④ ○：解雇への不安を抱えることなく安心して仕事に専念でき、中・長期的な視野で仕事に取り組み、改善や改革の意欲、後輩の育成など、組織への貢献意欲が高まる。

⑤ ○：計画的なローテーションを行うことで教育、育成の効率性が向上する。ゼネラリストの養成によって転勤も含め部門ごとの必要人数に応じた柔軟な配置転換を行うことができる。

第8章

賃金制度

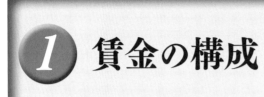

1　賃金とは

■（1）現金給付と間接給付

　労働の対償として支払われる賃金には、現金給付と間接給付の２つがある。

　現金給付には、毎月の基本給や諸手当のほかに年に２回ほど支払われる賞与（ボーナス）等があり、間接給付には職員寮など住まいの提供や託児所の整備、食事などの補助、有給休暇の付与、人間ドックの補助、住宅融資の補助制度等の福利厚生と呼ばれるものがある。

■（2）分配的公正原理

　報酬の中心となる賃金決定で最も問題となるのは分配基準である。不公平な支給によってモチベーションが低下してしまわないように、正しい分配基準を考えることを分配的公正原理と呼ぶ。分配的公正原理には大きく３つがある。

　第１は、個人別の成果や貢献の度合いによって報酬を分配する公平原理、第２は個人の仕事別の結果を問わず平等・均等に賃金を分配する平等原理、第３は個人別の生活や収入、家族関係の状況の経済的な必要性を考慮して賃金を分配する原理である。

　実際に支払われる賃金においても、多くの組織で、第１の公平原理に基づく職務給、第２の平等原理に基づく職能給、第３の必要性原理に基づく年齢給の３つによって賃金が構成されている。

　また、現在の賃金制度では、この３つのどれか１つの給与タイプですべての賃金が構成されるのではなく、業種や職種によって混合型の賃金制度を採用している組織が多い。特に人的資源管理のサブ・システムである賃金管理は、労働力の調達、労働意欲の向上、労使関係の安定化が得られることを目的としているため、正しい分配基準を考える分配的公正原理に重きが置かれる。

■（3）会計上の賃金の扱い

　一方で、会計上の賃金は、仕入れ材料や機械、設備の購入支出と同様に、費用として計上され、会計上は賃金を人件費と呼び、組織側は収入に対して一定水準の人件費割合を維

持したいと考える。

　この人件費は、さらに現金給与とそれ以外に大別され、前者は毎月決まって支給する定期給与と通常は年２回支給される賞与（ボーナス）の一時金からなり、後者は退職金や法定および法定外の福利費等からなる（図８‐１）。さらに定期給与は基本給とこれを補完する通勤手当や家族手当などの諸手当から構成され、基本給は所定内給与の主要部分を占め、手当、ボーナス、さらには退職金の算定基礎額としても活用されることから、賃金全体の中心的存在と言える。

2　職能給制度

　職能給制度とは、職能遂行能力によって基準化された職能等級と、さらに１つの職務等級の中に細かく設定された号俸を加えた等級号俸表による賃金決定方式である（図８‐２）。

　各職員は、組織の評価によって職能等級が格付けされ、職能等級が上がると大きく昇格昇給する。また、同一等級内でも仕事の習熟があると等級の格上げはない代わりに習熟昇給によって号俸が上がり、小さく賃金が上昇する。この習熟昇給を毎年定期的に行うことで、実際は年齢を経るにつれてゆるやかに賃金が累計される年功賃金カーブを描くことになる。

　さらに、職能給制度の下では資格とポスト（職位）が分離しているので、職務能力向上によって昇格すれば、職務や職位が同じでも賃金を上昇させることができる。そのため、ポスト不足による昇進の頭打ちの問題を理論的に解決できるメリットもある。

　しかし、こうした利点は1990年以降、長年の運用によって硬直的な賃金制度としての

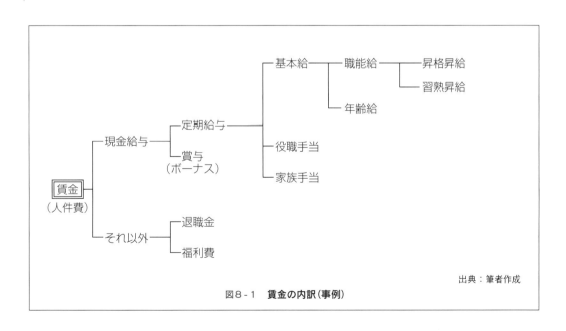

出典：筆者作成

図８‐１　**賃金の内訳（事例）**

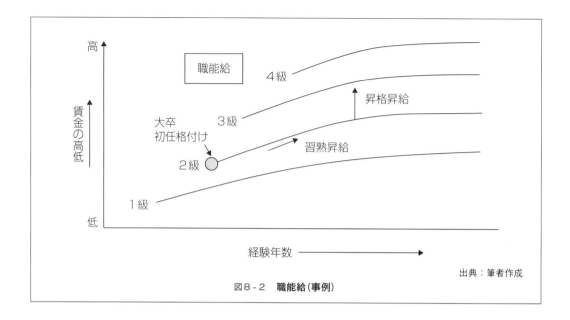

図8-2　職能給（事例）

弊害を来し、製造業を中心に発展途上国との生産コストの面で国際競争力を弱める大きな要因となって見直しが進んでいる。

3　年齢給

　賃金を労働の対価として同一能力、同一職務として考えれば、年齢や家族構成などの属人的な要素を賃金に反映させることはない。これを前提とすれば、たとえば、同じ能力で同じ職務を遂行する20歳の新卒スタッフと40歳のベテランスタッフの賃金は同額となる。しかし、同じ仕事内容だからという理由で勤続20年の40歳のスタッフと新卒の20歳のスタッフの給与水準を同じにしてしまえば、社会で生きていくうえで必要なものとして実装されている賃金の現実的な役割との矛盾が生じる。

　したがって、実際には、同一職務、同一賃金の労働対価の原則に加えて属人的な生活保障の賃金水準への配慮が必要となる。この属人的な水準確保を目的とした賃金の代表的なものに年齢が上昇するごとに定められた金額を昇給させる年齢給があり、一般的に年に1回の定期昇給の根拠となっている（図8-3）。年齢給は年齢とともに形成される世帯の生活が保障されることから、定期昇給の中核となっている。

　一方で、年齢給には、特に若年者層から能力や職務内容の評価がないままに中・高年齢者が一律に高い賃金を受け取ることへの批判が出やすいというデメリットがある。それを是正するため、たとえば、35歳以上の管理職については、それまでの年齢給の累積で生活保障に必要な賃金のベースが形成されたとみなして、年齢給による昇給を抑制させるか、あるいは停止し、それ以降の賃金上昇は仕事の成果を反映する賃金へ変更する制度変更が

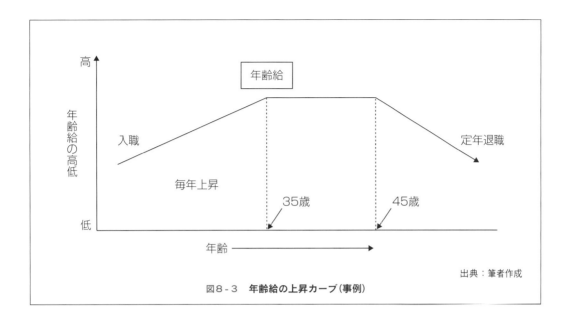

図8-3　年齢給の上昇カーブ（事例）

出典：筆者作成

進んでいる。

　年齢給を導入している病院では、年齢による昇給が手厚く、かつ高い年齢まで設計されているほど年功序列色の強い組織となる。その逆に、年齢給による昇給の停止が年齢の若い段階で行われ、かつ年齢給の全体の賃金に占める割合が低い賃金制度ほど実力主義が強い組織をつくることになる。

　したがって、賃金制度を設計する場合は、生活給の基礎となる年齢給のピッチを決め、同時にどの年齢と賃金水準で年齢給定昇の抑制と停止を行うかを検討しなればならない。

4　習熟昇給と昇格昇給

　生活を支える基礎的な年齢給に対して、職務能力の評価を反映した賃金が職能給である。職能給は、能力が蓄積され、上位の基準を満たした場合に大きく昇給する昇格昇給と、同じ職能資格の中ではあるが日常の職務の習熟によって部分的に向上した能力獲得を反映した習熟昇給の2つから構成される。

　特に習熟昇給では、実際にはその根拠である習熟の程度によらず、年齢給と同じように生活保障に配慮したすべての職員が一律に号俸を上げる定期昇給（定昇）が行われることがしばしばある。このような習熟昇給において能力の習熟評価を反映することなく全員一律に上昇させる定昇は、物価水準などの上昇に対する所得水準の向上として効果的な施策ではある。しかし、過度に慣習的に行われると限りなく年功的賃金制度に近くなるので注意を要する。

　また、習熟の根拠となる号俸を同じ等級の中で幅広く賃金帯によって設定すると、昇格

による昇給を得られなくても実際には人事考課の影響の少ない習熟昇給を毎年繰り返えされることで、場合によっては年齢が若い上位の等級者よりも年齢が高い下位の職員が高い職能給を得てしまい、能力のある若い職員の昇格意欲を減少させかねない。

　このように職能給が実際には年齢給と同じように運用される防止策として、最近では一定の期間内に等級を昇格しなければ賃金が上がらないように、1つの等級の中での号棒の上限を厳正に設け、定昇としての習熟昇給に歯止めをかける動きも出てきている。この習熟昇給が、生活保障給という意味合いが濃いのに対し、労働対価の成長に対して行われる昇給の代表的なものが昇格昇給である。この昇格の基準は人事評価制度における等級基準と連動して決定され、その等級の基準を満たすと判断された場合に昇格昇給がなされ、賃金上昇根拠の主流となっている。

5　諸手当

(1) 手当の目的と見直しの必要性

　手当には、次のような目的がある。

①その仕事が特に危険であったり、重労働であったり、あるいは特殊な技能を必要とする職種など、仕事の特殊性に配慮した手当。

②その仕事ができる人材が不足し、その確保を有利に進めるためや、転職による人材の流出を防止するため、一時的に手当を基本給に加えて労働市場の需給関係を調整する手当。

③生活環境の条件に配慮し、公平な生活水準の維持を目的とした家族手当、住宅費用手当、地域手当等の生活関連手当。

　従来の社会保険料、賞与や退職金の算定では、手当を含まない基本給を基準としていたため、基本給の設定が高いと、労使ともに社会保険料や賞与、退職金の負担が増加する。これを避けるため、実質的な総支給額の水準を維持しながら社会保険料や賞与、退職金の支払い負担の軽減を図る目的で、根拠が曖昧で、実態と乖離した手当を設定して、補填賃金として活用した場合もあった。

　しかし、社会保険料の算定賃金が総報酬制となると、賃金に占める基本給の割合を低く抑えることによる人件費の削減メリットはなくなり、そもそも支給理由の根拠に乏しい手当の形骸化が急速に進んでいる。加えて、成果主義賃金の導入が進んだことにより、短期的な業績の分配の意味が強い賞与や長年の勤続貢献に報いる退職金は、個人の成果に応じて変動する賃金とは切り離し、それぞれ独立した賃金の意味を持った算定方式が採用され、同時に手当の見直しが進んでいる。

▌(2)主な手当の種類と内容

主な手当の種類と内容は以下となっている。

①職種手当

専門資格職能集団である病院では、医師、看護師、薬剤師、臨床検査技師など、職種別で賃金水準の格差が大きいという特徴がある。そこで賃金の設計をする場合、基本給を職種別に設定する方法と、基本給を全職種共通で設計したうえで手当で調整する方法の2つから選択する必要がある。

後者の場合においては、薬剤師手当、看護師手当というように、職種別に手当を支給し、職種間の賃金水準を調整する必要があるが、これを職種手当と呼ぶ。職種別に基本給を設定すれば、賃金水準を職種別に合わせやすく、管理が簡単になる一方で、職種間の賃金格差の不満が発生しやすい。一方の基本給の賃金テーブルを全職種共通として設計した場合は、職種の壁を越えて組織としての一体感を得られる。

②生活関連手当

異なる生活条件に配慮し、公平な生計費を維持するために支給されるのが生活関連手当で、産業を問わず一般的に用いられている。

③家族手当

賃金の中心である基本給では、職員個々の所得税法上の扶養控除対象者(家族のある者)は考慮されておらず、実際には、扶養家族が多い場合は、通常の基本給だけでは生活費を十分に満たすことができない場合もある。このような扶養家族の有無による世帯賃金をカバーするために支給されるのが家族手当で、実力主義が進む今日の賃金制度下では、基本給に組み入れることも検討されている。

④地域手当

勤務地の物価水準、または賃金相場の格差を考慮した手当である。広域で展開する大規模病院グループを除いて、通常の地域密着型経営である病院では、あまり必要のない手当である。現在、同一地域で形式的にこの手当を支給している場合は見直しを図り、基本給への組み込みを検討すべきである。

⑤住宅手当

特に都市部においては、単身、世帯家族を問わず、家賃や住宅ローンなど住宅費の負担は大きい。その負担軽減を目的としたものが住宅手当で、多くの病院で実際に導入されている一般的な手当である。しかし、理論上、生計費に位置付けられる住宅費は、年齢給に包含されるべきものである。すなわち、ことさら負担額の大きい住宅費だけを特別視する実態は、基本給の手当補填となっている場合が多く、今後は住宅手当を基本給へ組み入れ、廃止する傾向が強まることが予想される。

⑥単身赴任手当

単身赴任者に対して、精神的かつ経済的な負担と費用を軽減することを目的とした手当で、全国展開する病院グループあるいは独立行政法人などの幹部職や医師などのケースで支給されるが、一般職員で単身赴任することは少ない。

⑦通勤手当

公共交通機関や自動車通勤にかかる費用を、実費弁償手当として支給するもので、賃金制度の如何にかかわらず今後も継続していく手当と言える。

⑧役職（管理職）手当

役職（管理職）手当は、職責、部下に対する慶弔金負担、時間外手当見合い金を考慮して支給される。従来の職能給制度の場合、同じ等級でも役職者と非役職者に差をつけるということで導入された場合が多い。

しかし、実力主義賃金制度移行の場合、役職者の基本給の中に役職者としての職責の重さや、残業代が付かない負担は含まれており、職責や時間外見合い相当の手当をさらに加える理由はなく、今後は廃止する傾向にある。また、部下に対する慶弔金負担も、その発生頻度が不確実で職場によって異なるにもかかわらず一律に支給することにも制度上の問題があり、手当支給の根拠としては形骸化している。管理職としての職責を加味した賃金制度を導入した場合には、基本給に組み込む方向で検討が進んでいる。

⑨特殊職務手当・特殊職種手当

特殊職務手当は特定労働に対するつらさに対して支給するものである。実際に、レントゲン技師、薬剤師、理学療法士、作業療法士などの専門少数職種の人材確保を目的とし、労働市場における需給事情を調整する手当として設定されている。

⑩皆勤手当

本来、社会人としては、皆勤するのは職務遂行の必要条件であるが、基本給の低水準を一律に補うために導入された意味が強く、実質的にはほとんど一律支給され、基本給としての性格の強い手当となっているケースも多い。賃金制度を見直すときに、できるだけ基本給に組み込み、モデル賃金を設計すべきと言えよう。

⑪資格免許手当

病院は資格保有者が多く、また、その資格が業務を遂行するうえで必要不可欠なものである場合が多い。看護職の場合は、保健師、助産師、看護師、准看護師で、栄養士の場合は、管理栄養士、栄養士で、同一職種内であっても上級資格が存在する。さらに最近では、専門看護師・認定看護師などの認定資格が増えてきた。キャリアアップのインセンティブとして運用上、有効な手段とメリットもあるが、資格保有は職務遂行の手段と位置付け、資格取得が自動的に賃金上昇と誤解されないよう専門職全員に一律の二重の賃金を支払うことは避けるべきである。

② 評価の反映

1 賃金反映方法の分類

人事考課の結果を賃金に反映する方法としては、号俸表、複数賃率表、段階号俸表がある。さらに賃金額の明示、または非明示、評価結果の有無、評価結果の累積、評価結果のキャンセルなどの考え方によって細かく分類されるが、その選択には、組織が求める制度が実力主義をどの程度色濃く反映するかなど、実態とニーズを踏まえて慎重に行われる必要がある。

(1) 号俸表による反映

等級号俸表による賃金制度は各人の個別賃金を等級別に各号俸で定め、初任給をスタート賃金としてセットされた各等級の初号賃金に、それぞれの習熟昇給額を順次加算した等級と号俸で賃金が決まる金額明示型賃金である。多くの場合、毎年の昇給評価は行わず、同じ等級の上限号俸まで定期的に習熟昇給がある。この場合、いわゆる公務員型の賃金となって極めて年功色が強くなる。

(2) 複数賃率表の作成

1つの等級ごとに、考課結果をBは標準、S、Aは加算、C、Dは減額して昇給額を設定する方法である。等級ごとに1種類の賃率表が作成されるので、全体として複数の賃率表を作成することになる。この方法は、習熟昇給によって毎年昇給したうえで、その期間の人事考課の結果も反映できる複合型のタイプである。ここでの考課の結果は累積されず、毎年のSからDの評価は変動するキャンセル方式と呼ばれる方式が採用されている。つまり、習熟昇給による基礎となる賃金の上昇を安定的に確保しながら、かつ単年度の能力の発揮度で賃率を決める人事考課における業績主義も反映できる賃金表である。

(3) 段階号俸表の作成

段階号俸表は、号俸表と同じ明示型の賃金であるが、人事考課結果を強く反映しない号俸表に人事考課の結果を強く反映し、昇給のスピードを大きく変えるものである。たとえば、人事考課のランクS・A・B・C・Dを人事考課Bでは3号俸昇給するが、評価の高

いSやAの場合は標準習熟昇給以上のそれぞれ5号俸、4号俸の昇給、逆に評価の低いCやDの場合は2号俸、1号俸の昇給として差をつけるか、あるいはD考課者にはマイナス1号俸とする方法である。

2 賞与への反映

賞与の計算方法の1つである基本給連動型は、賞与算定基準日現在の基本給に支給月数を乗じて計算する方式で、現在、多くの病院で一般的に広く採用されている。しかし、生活の基盤となる基本給を支給月数の基準額にしているため、本来は短年度の成果報酬を目的とした賞与が基本給の高い高年齢層に過度に優遇されて、年功給をさらに年収ベースでも強化してしまうデメリットがある。また、人事考課の結果が基本給に直接反映されるようになった今日では、その変動する基本給を算定基準として賞与まで決定してしまうと、1つの評価が賃金と賞与のダブルで結果が反映されることとなって賃金格差が広がりすぎる危険もある。

このようなデメリットに対して、基本給と賞与を連動させずに別々のルールで算定する動きが進んでいる。その具体的な方法の1つとして、賞与配分可能な賞与原資を確定したあと、能力・役割・業績などをポイント化し、原資から求めた1ポイントの単価を個々の獲得評価ポイントに乗じて個別の支給額を決定するものがある。

3 賃金反映方法の改善

▌(1)賃金アップ（ダウン）の方法

人事考課結果を中心的な報酬である賃金に反映させることで、個々の職員のモチベーションを強化する動きは病院でも活発化している。実際に賃金をアップ（場合によってはダウン）させる方法には、集団統一的な方法と個別格差的に行う方法がある。

①**集団統一的な方法**

集団統一的な方法は、たとえば職員全体の給与水準の基準を一律に底上げ（あるいは底下げ）させるベースアップ（あるいはベースダウン）や人事考課に関係なく全員が昇給する定期昇給などによって人件費を分配することである。この基準に影響を及ぼす要因は、物価などの経済環境や労働力全体の需給関係などである。その基準変更交渉は、たとえば理事などの経営者側と労働組合など労働者の代表がそれぞれの立場の利害を考慮して決定される場合が多い。

②**個別格差的な方法**

個別格差的な方法は、各職員の働きぶりを反映して病院側があらかじめ職員側と取り決

めた賃金規定などのルールに従うなどして、個別に賃金を決定し、人件費に個別格差をつけて配分することである。

(2) 賃金制度の設計

①集団統一的・個別格差的方法の導入

　賃金制度の設計は、集団統一的、個別格差的の両面から複合的に行われる必要がある。また、賃金水準は職員が得られた賃金によって、次への活力となる再生産が可能なものでなければ持続的な労使関係を維持できない。たとえば、ある病院の職員の賃金水準が周辺と比べて極端に低いのであれば、短期的には人件費を抑え高い利益率を確保できても優秀な職員が他の病院へ流出してしまい、その結果、人手不足となれば病院運営本体に支障を来してしまう。しかし、診療報酬制度に依存する病院は、人件費の支払い原資に限界があるので世間水準より極端に高い賃金では経営を維持できないことになる。

　このトレードオフの問題は集団統一的な賃金の水準を維持しつつ、個別格差的な賃金の導入によって解決していく。ただし、個別格差的な人事考課結果を色濃く反映しようとする場合においても、自院の人件費率や評価制度だけの都合で世間から著しく乖離した賃金を設定することはできない。世間相場と言われる賃金の基本的性質を理解したうえで適度な水準を維持しつつ、組織への貢献度に応じた格差を設けるといった両方の施策をバランスよく実施しなければならない。

②景気の動向と人材確保への影響

　また、景気の動向も人材確保に大きな影響を与える。医療業界が他の業種と比較して、生産性に優れ高い労働分配率を実現できる業種とみなされる場合は、優秀な労働力が賃金水準の高い医療職への流入を促進する。その逆に、他業種より賃金水準が低いとみなされる場合には優秀な人材が集まりにくくなる傾向となる。

　このため医療業界の賃金水準は景気循環の影響を直接受けにくく、景気が悪化すると医療業界の人気が高まり、景気が良くなると労働環境の厳しさがことさらに強調されて敬遠されることになる。よって他業種の賃金水準の動向についても、特に医師や看護師等の確保に悩む民間中小病院は注視する必要がある。

4　体系の変化

(1) 賃金体系の改変、年俸制の導入

　1990年代に入りバブル経済が崩壊すると、経済成長率はマイナスとなって、わが国の雇用情勢は極めて厳しいものとなった。また、円高が進行し、輸出産業の国際競争力が低下する一方で、アジア各国の工業力が高まり、生産拠点のグローバル化とデフレが進んだ。

この経営環境の激変に対応するため一層の労働生産性を確保しようと賃金から年功的要素をなくし、従来型の職能給を貢献主義に改定する動きが大企業を中心に活発化した。具体的には、基本給の過半を占める年齢給を完全に、あるいは一定の年齢以降について廃止、またはその比重を低めて基本給を職能給中心で構成する体系に改める方法である。

さらに、職能給についても、人事考課の結果によっては昇給ゼロ、あるいは極めて結果が悪い場合にはマイナス昇給もあり得るように、限りなく職務給に近いものとする制度である。また、管理職やホワイトカラーを対象に、プロスポーツ選手のように前年度の業績や組織への貢献度を基準に1年単位で賃金を決定し、賞与の変動を大きく業績に反映させた日本型年俸制を導入する組織が増加し、一部の民間病院でも上級管理職や医師を中心に導入が進んだ。

▍(2)退職金制度の変化

バブル崩壊後の経営環境の変化は、定年まで同じ組織で勤務することが有利とされた退職金制度にも大きな変化をもたらした。それまでは、算定基礎額に支給率を乗じて算定され、その算定基礎額には退職時の基本給を用いて支給率は勤続年数が長くなるにつれて増えていく制度であり、定年まで長期勤続することが中途退社するより極めて有利な制度である。

しかし、現在では算定基礎額がベースアップに連動して増加しない第2基本給を設け、これを退職金算定基礎額に用いる別テーブル方式や、職能等級別に一定の点数を定め、これに在級年数を乗じて入職から退職までの累積点を出して1点当たり単価を乗じて退職金額を算定するポイント方式などを導入し始めている。

さらに、人材の流動化が激しい組織では、退職金制度そのものを廃止し、退職金相当分をボーナス等に上乗せして支給する退職金前払い制度を採用するケースも現れている。これらの動向はまだ一部の民間病院にとどまっているが、今後は病院の賃金のあり方全体に影響を与える可能性がある。

確認問題

問題 1 日本の賃金制度について、次の選択肢のうち誤っているものを１つ選べ。

[選択肢]

①正しい分配基準を考える分配的公正には、公平原理、平等原理、経済的な必要性を考慮した原理の３つがある。

②職能給制度とは、職務内容をもとに仕事が格付けされ、職務のランクが上がらないと賃金も上がらない仕組みである。

③年齢給制度は、年齢とともに形成される世帯の生活が保障されるというメリットがあるが、中・高年齢者が一律に高い賃金を受け取ることへの批判が出やすいデメリットがある。

④職能給は、能力が上位の基準を満たした場合に昇給する昇格昇給と、日常の職務の習熟によって部分的な能力獲得を反映した習熟昇給がある。

⑤バブル経済崩壊後、管理職やホワイトカラーを対象に、前年度の業績を賞与に反映させた日本型年俸制を導入する組織が増加した。

解答 1　　②

解説 1

① ○：実際に支払われる賃金においても、第1の公平原理に基づく職務給、第2の平等原理に基づく職能給、第3の必要性原理に基づく年齢給の3つによって構成されている。現在の賃金制度では、この3つのどれか1つの給与タイプですべての賃金が構成されるのではなく、業種や職種によって、混合型の賃金制度を採用している組織が多い。

② ×：職務内容をもとに仕事が格付けされるのは職務給制度で、職能給制度ではない。職能給制度とは、職能遂行能力を分類し体系化した職能資格制度をもとに各職員へ職能等級が格付けされ、さらに等級の中に細かく設定された号俸を加えた等級号棒のグリットによって賃金が決められる制度である。この制度では、職能等級の格付けが上がると大きく昇格昇給するが、同一等級内でも仕事の習熟があると号俸が上がる習熟昇給によっても小さく賃金が上昇する。

③ ○：年齢給は、年齢が上昇するごとに定められた金額を昇給させるもので、一般的に年に1回の定期昇給となる。この制度により、年齢とともに形成される世帯の生活が保障されるというメリットがある。

④ ○：特に習熟昇給では、年齢給と同じように生活保障に配慮したすべての職員が一律に号俸を上げる定期昇給（定昇）が行われることがしばしばある。このような習熟昇給によって物価水準などの上昇に対する所得水準の向上として効果的である。

⑤ ○：さらに、人材の流動化が激しい組織では退職金制度そのものを廃止し、退職金相当分をボーナス等に上乗せして支給する退職金前払い制度を採用するケースも現れている。

第9章
職務満足とストレス・マネジメント

1 職務満足
2 ストレス・マネジメント

職務満足

1　帰属意識

　いわゆるバブル経済崩壊後、従来型の日本的終身雇用の継続は困難となり、リストラの現状を見て育った新卒者の多くは、転職を前提として職場選びをする傾向が以前よりも強まった。こうした就職環境において、組織のために滅私奉公する忠誠心や愛社精神を押し付けるだけの人的資源管理では優秀な人材の確保と離転職の防止に効果的でなく、組織への多様な愛着のあり方、すなわち、帰属意識(コミットメント)を考え直す必要に迫られている。

　組織への帰属意識とは、特定の組織に対して個々人が感じる一体感の強さ、あるいは組織への関与の強さであり、その組織の一員であることに誇りと自信を持つ気持ちでもある。この帰属意識の形成要因には、勤務先の病院が好きだとか、馴染むといった情緒的な心理によるものが深く影響し、これを情緒的コミットメントと呼ぶ。一方で、長く勤めていれば年功的に高い給与レベルを維持できるし、退職金が累積され、仕事に慣れれば比較的楽でもある。よって、よほど待遇が有利でない限りあえて組織を離れるメリットはないなどの功利的コミットメントも存在する。さらには、生まれ育った環境や教育によって自分自身が心のよりどころとする価値判断によって形成された忠誠心、すなわち、社会人や組織人とはこうあるべきとする理想像や倫理観によって組織との関係を築こうとする規範的コミットメントもある。

　これらの帰属意識形成の要因は、どれか1つの要因によってコミットメントが高まるものではなく、要素の強弱によって複合的に混在して、明確にその割合を区別することはできない。したがって、組織にしがみついているかのような功利的コミットメントを過度に悪いものと考えたり、感情的コミットメントを持つことを個人に強要したり、規範的コミットメントを持つ者だけを採用するような1つの価値観に偏った人的資源管理は、今日の激しい環境の変化への組織の柔軟性に欠け、中・長期的には組織の成長を阻害しかねない。よって、今日の人的資源管理は、情緒的、功利的、規範的な各職員が持つ多様な組織へのコミットメントを受け入れて、それを活かすものである必要がある。

2　職務満足

　このコミットメントは、職場に対する職務満足によって大きく影響される。この職務満足には、内在的職務満足と外在的職務満足の２つがある。

　内在的職務満足とは、あこがれの仕事だったり、業務の内容が面白くて夢中にさせてくれたり、困難を克服することで自分自身が成長したと実感できたり、周囲から感謝されたり、認められたり、昇進・昇格できたりすることで得られる。つまり、仕事のプロセスを通じて自分の内面からから湧き出るものである。

　外在的職務満足とは、会社の経営方針や経営戦略、組織形態、賃金、上司や職場仲間との人間関係、労働条件、将来性、雇用の安定、福利厚生など、自分が置かれている職場環境を他の環境と比較して得られるものである。

　前者を高めるためには、個人ごとの性格や価値観、生活の中の仕事の位置付けなどにフォーカスを当てた施策が効果的である。また、後者を高めるためには、経営方針の明確化や賃金水準のアップ、研修制度の充実など、他より待遇が良いと感じられるように職場環境の充実を高める必要がある。

② ストレス・マネジメント

1　ストレスとコーピング

　ストレス (stress) とは、もともとは工学分野において使われていた言葉を、セリエ (H. Selye：1907-1982、カナダの生理学者で元モントリオール大学教授) が初めて生物に起こるものとして、「すべての生体内で引き起こされた非特異的な変化からなる特定の症候群として現れる状態である」とした。

　ストレスには、要因となるストレッサーと、ストレッサーの影響を受けて生体内で起こる変化を指すストレス反応の 2 つの側面、さらに、それらを能動的に軽減しようとするコーピングがある。また、ストレッサーには病気や痛みなどの生物的ストレッサー、不規則な勤務時間や肉体労働、抗がん剤の暴露などの化学的ストレッサー、職場の人間関係などの心理的ストレッサー、役職の重荷など社会的なストレッサーがある。

　病院組織内は人命に直接かかわることも多いことからストレスの多い職場とされ、ストレスを上手にコントロールするコーピング方法を身に付けなければならない。このコーピングには 2 つの対処ストラテジーと 4 つの対処モードがある。

　対処ストラテジーには、問題中心の対処と情動中心の対処がある。問題中心の対処とはストレスの原因となっている出来事を取り除くために直接的に問題の解決に取り組む対処方法で、情動的中心の対処とは情動的な興奮状態を緩和することに焦点を当てた対処方法である。

　また、対処モードには、遭遇したストレスを引き起こすような出来事を変えたり、その出来事について直接何かをして働きかけたりする直接行為と、何もしないでただその出来事を受け入れる行為の抑制、その出来事について何かをするよりも、もっとその出来事についてよく知ろうとする情報の収集、その出来事をしたいと思うことを思いとどまろうとする認知的対処がある。

　一方、過剰なストレス状態に陥った場合は、個人のコーピングではストレスを解消できないこともあり、上司や専門スタッフによるソーシャル・サポートが必要となる。

2　ソーシャル・サポート

　ソーシャル・サポートには、道具的サポートと情緒的サポートの2つがある。

　道具的サポートとは、ストレスになっている何らかの問題を解決するのに必要な資源や情報を直接的に提供する働きかけのことである。一方の情緒的サポートとは、話を聴いて共感したり励ましたりすることでストレスによる情緒的な反応を癒すような働きかけのことを言う。

　このソーシャル・サポートの効果は、多くの人が経験的に理解できるように、誰からサポートを受けるか、すなわち、サポートの送り手によって異なる。たとえば、評価的サポートでは、仕事のことを詳しく知らない家族や職務が異なる同僚からサポートを受けるよりも、仕事の内容をよく知っていて評価する立場にある先輩や上司から受けたほうが、サポートの受け手にとってはより自信につながるなど効果的である場合が多い。情緒的サポートの場合は、職場の先輩や上司から受けるよりも利害関係が少なく、ある程度、自分自身の内面や弱みを安心して開示できる関係にある家族や職場外の友人からのほうがストレスの低減効果が高いことが多い。

　このように、ソーシャル・サポートにはさまざまな形態が存在するため、種類や送り手によって受け手に得られる効果は異なるが、さまざまな研究でその効果は確認されている。たとえば、ハウス（J.S.House、1972年ミシガン大学で博士号取得、米国の社会心理学者、ミシガン大学教授）らはネットワークの程度と死亡率の関係を調べ、これらの間に負の関係があることを明らかにした。つまり、他者や社会とのつながりが弱い人ほど死亡率が高いということを示唆している。また、コーエン（S.Cohen：1947-、米国の社会心理学者でカーネギーメロン大学教授）らによると、多くのサポートを利用できると考えている人は、少ないと考えている人よりも、精神的な負担が高いと評価されたものに対して適切に対処できることが示されている。これらのように、ソーシャル・サポートは他者や社会とのつながりを持っていることと同時に、サポートを多く受けることができることが、ストレス低減の効果を高めると考えられる。

　また、医療職の場合は、多くの患者とのかかわりの中で、患者がソーシャル・サポートの送り手となり、医療サービスを提供する側が受け手となる機会も多くある。このように、仕事にまつわる人とかかわる機会の多さは、確かにストレスの要因ではあるが、それをストレッサーとするのではなく、逆にソーシャル・サポートの授受の機会ととらえることができる組織文化の醸成や個人のコミュニケーション・スキルのアップに向けた支援が人的資源管理として求められる。

3　リアリティショック

　就職前に思い描いた仕事の内容や職場に対する理想・期待のイメージが就職後に直面する現実とかけ離れていた場合、そのギャップに対するショックをリアリティショックと呼ぶ。特に人命を扱う医療職においては、その程度の差はあっても、ほとんどすべての新人が経験するといっても過言ではない。また、新人に限らずベテランにおいても、新たな役職に就任した場合や転勤などによる職場環境の急激な変化によって陥ることがある。

　多くの場合は現実を受け入れ適応していくが、適応が遅れて不適合を起こし、早期離職や深刻な場合は精神的な病になるケースもあるので注意を要する。特に新人に対するケアは重要で、まずはオリエンテーション時に十分な心の準備を促し、職場へのスムーズな適応支援を組織的に実施する。部署において自己の役割は何かを学ばせ、自然に職場の仲間との関係を構築させながら、職位の上下関係を理解させる。特に年齢の近い先輩をアドバイザーとして任命し、自らの経験を踏まえて公私ともに助言できる関係を築くとよい。

4　バーンアウト

　バーンアウト (burnout) とは、それまで意欲的に働いていた人が、あたかも燃え尽きたかのように働く意欲が低下する症候群のことであり、特に看護師や介護士、教師など、人にサービスを提供することを職務とするヒューマン・サービス職の従事者に多く見られるとされる。

　バーンアウトには次の3つの特徴がある。

①仕事を通じて情緒的に力を出し尽くして消耗してしまった情緒的消耗感

②サービスの受け手に対する無常で非人間的な対応や患者の人格を無視した思いやりのない言動が特徴の脱人格化

③ヒューマン・サービスの職務にかかわる有能感・達成感の低下した状態である個人的達成感

　特に情緒的消耗感は、バーンアウトの主症状として位置付けられている。また、情緒的消耗感が高まると、2つ目の要素である脱人格化の症状があらわれ、さらに情緒的消耗感や脱人格化はサービスの質そのものを低下させる。その結果として、ヒューマン・サービス従事者の自己評価による個人的達成感の低下があらわれると考えられている。

　とりわけ、期待される複数の役割の間で板挟みになる役割葛藤を抱えやすい職場がバーンアウトのリスクを高める要因とされる。たとえば、看護師に対する患者やその家族から寄せられる期待と、実際に行わなければならない業務との間に生じる役割葛藤がそれにあたる。一般に医療スタッフには、いつでも心から親切に接してくれるという期待感があるが、実際は患者の状態を冷静に観察し、適切な処置や生活指導にかかわることも求められ

るので、この両者の間で生じる葛藤は精神的な負担となる。

　また、看護師は、専門職でありながらも医師の指示のもとで動かなければならない業務が多く、自律性が制限されるという特徴を持ち、医師の指示と看護のあり方との間に専門職としての役割葛藤は生まれやすい。さらに、次のような調査結果が報告されている。

①管理職は役職のない看護師に比べて情緒的消耗感や個人的達成感が低い

②年齢が低いほど情緒的消耗感が高く、勤続年数が高いほど個人的達成感が高い

③既婚者は未婚者よりも脱人格化や情緒的消耗感が低く、個人的達成感が高い

　バーンアウトは職務上生じる役割葛藤や組織の中での立ち位置の問題など、ひとりで解決していくことが難しい課題が多いことから、その防止に向けては特に職場内でのサポートが有効であるとされる。具体的には、新人看護師に行われるようなプリセプターシップやメンターシップの制度を活用することなどが挙げられる。

5　マインドフルネス

　マインドフルネスとは、西洋に伝わった仏教瞑想の総称と言われている。パーリ語のサティ（sati）という言葉に由来し、その英訳がマインドフルネス（mind-fulness）である。日本語では気づき、漢語では念と訳されている。

　ガバットジン（J.Kabat-Zinn：1944-、米国のマサチューセッツ大学ストレス低減センター所長）によれば、マインドフルネスは「意図的に、現在の瞬間に、評価も判断もせずに、注意を向けること」と定義される。過去や将来のことでなく、今ここにおいて自分自身の内外に起こっている体験に対して能動的に注意を向け、自分の体験を価値判断することなく、ありのままに気づいていられることを指す。

　マインドフルネスは近年、ストレスやネガティブな感情や思考との付き合い方として、人的資源管理の分野でも注目されている。たとえば、看護師を対象としたマインドフルネス・トレーニングの効果として、患者とのかかわりの中での気づきを深める可能性が示されている。マインドフルネス・トレーニングにより深められた気づきは、ヒューマン・サービスの送り手と受け手との間に起こる感情的な交流や関係性そのものに対する洞察を促すと考えられている。

　また、マインドフルネス・トレーニングでは、慈愛・慈悲を育てる瞑想が組み込まれていることから、ヒューマン・サービスの医療や福祉の領域で質の高いサービスを提供するうえでの動機となる思いであるコンパッションを促進する可能性があることがわかり始めている。

6　惨事ストレス

惨事ストレス（CIS：Critical Incident Stress）とは、通常の対処行動がうまく働かないような惨事（脅威）に直面した人に起こるストレス反応のことである。惨事には、地震・洪水・津波・台風といった自然災害、交通事故・火災・テロ・暴力などの人為災害が含まれる。

特に医療組織では自然災害の発生時に被災者支援を行う際に惨事ストレスを被ることがある。また、それ以外でも日常の医療現場において患者の急変や死亡、自殺未遂への対応、重篤な外傷の処置などにおいて、多様な惨事ストレスを受ける可能性がある。

惨事ストレスに対する心理的反応は人により異なるが、その1つとして懸念されるのはトラウマ症状が続くことによる心的外傷後ストレス障害（PTSD：Post Traumatic Stress Disorder）である。トラウマ症状は惨事ストレスになった出来事を、あたかももう1度体験するような感覚が生じる再体験症状、惨事ストレスに関係する物事を避ける回避・麻痺症状、心身が興奮して落ち着かなくなる過覚醒症状の3つの特徴からなる。

職場における惨事ストレスへの対応策の1つとして心理的デブリーフィングがある。デブリーフィングを行う目的は遺された人の心の傷を癒し、再発防止のために関係者の複雑な感情をありのままに表現する機会を与えることにある。具体的には、集団で話し合う場をつくり、ケースの事実確認から出来事に遭ったときに考えたことや感じたこと、自分に生じている症状などを省察する方法である。

問題
1

ストレス・マネジメントについて、次の選択肢のうち誤っているものを1つ選べ。

[選択肢]

①ストレスには、要因となるストレッサーと、ストレッサーの影響を受けて起こる生体内の変化を指すストレス反応の2つの側面がある。

②ストレッサーには、病気や痛みなどの生物的ストレッサー、不規則な勤務時間や肉体労働、抗がん剤の暴露などの化学的ストレッサー、職場の人間関係などの心理的ストレッサー、役職の重荷などの社会的ストレッサーがある。

③ストレスを上手にコントロールするコーピングには、2つの対処ストラテジーと4つの対処モードがある。

④問題中心の対処とは、情動的な興奮状態を緩和することに焦点を当てた対処方法である。

⑤ソーシャル・サポートには、道具的サポートと情緒的サポートの2つがある

解答 1　④

解説 1

①○：ストレス（stress）とは、元々は工学分野において使われていた言葉を、セリアが初めて生物に起こるものとして「すべての生体内で引き起こされた非特異的な変化からなる特定の症候群として現れる状態である」とした。

②○：特に病院組織内は、人命に直接かかわることも多いことからストレスの多い職場とされる。

③○：対処ストラテジーには、問題中心の対処と情動中心の対処がある。対処モードには、遭遇したストレスを引き起こすような出来事を変えたり、その出来事について直接何かをして働きかけたりする直接行為と、何もしないでただその出来事を受け入れる行為の抑制、その出来事について何かをするよりも、もっとその出来事についてよく知ろうとする情報の収集、その出来事をしたいと思うことを思いとどまろうとする認知的対処がある。

④×：問題中心の対処とは、ストレスの原因となっている出来事を取り除くために直接的に問題の解決に取り組む対処方法で、情動的中心の対処が、情動的な興奮状態を緩和することに焦点を当てた対処方法である。

⑤○：道具的サポートとは、ストレスになっている何らかの問題を解決するのに必要な資源や情報を直接的に提供する働きかけのことである。一方の情緒的サポートは、話しを聴いて共感したり励ましたりすることでストレスによる情緒的な反応を癒すような働きかけのことを言う。

第10章
働き方改革とダイバーシティ経営

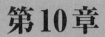

1 病院組織の働き方改革
2 ダイバーシティ経営

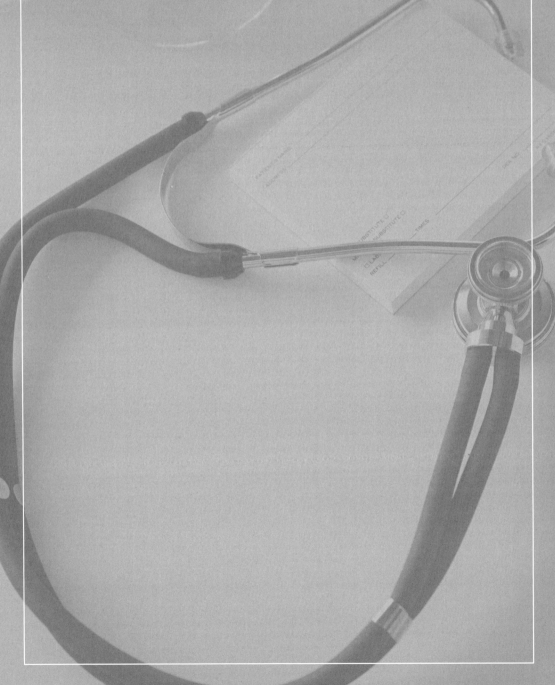

病院組織の働き方改革

1　働き方改革の背景

　出生率が低水準で推移する中で、2025（令和7）年には戦後のベビーブーム世代が75歳に達するなど、少子超高齢社会が進展している。2030（令和12）年には65歳以上の高齢者の割合が日本の人口の3分の1にまで上昇し、同時に人口減少へ転じる。日本はこれまで経験したことのない労働力不足時代を迎えようとしている。

　これに対して政府は、一億総活躍社会を目指すことを宣言し、生産性の向上や女性が活躍できる環境整備に向けた働き方改革に積極的である。一億総活躍社会とは、多様な働き方を可能にすることで働き手を増やす政策で、①これまで労働の機会を逸していた子育て世代や高齢者などの人材に就労を促し、働き手を増やす、②社会保障制度を充実させることで子どもを出産しやすい社会にして出生率を上昇させる、③労働人口が減少する社会でも経済成長を実現していくために労働による生産性を向上させる──の3つのスローガンを掲げている。

　そして、その実現には、従来の働き方の見直しが必要不可欠であるとし、それを後押しすることを目的に、2018（平成30）年6月に「働き方改革を推進するための関係法規の整備に関する法律（以下、働き方改革関連法）」を成立させ2019（平成31）年4月より施行した。

2　働き方改革関連法

　働き方改革関連法では、具体的に次のような法改正が行われた。

①時間外労働の上限規制

　時間外労働において、次の3つの条件すべてを満たさなければならなくなった。

・年720時間以内
・月45時間を超える月は6か月以内
・2〜6か月の平均が80時間以内、かつ単月で100時間未満

②有給休暇取得の義務化

　年間10日以上の有給休暇がある労働者に対して、年間5日以上の有給休暇を取得させることが義務付けられた。

③勤務間インターバル制度の普及促進

　勤務日の終業時刻と翌日の始業時刻の間に一定時間のインターバルをおくことが義務付けられた。

④産業医、産業保健機能の強化

　50人以上の事業場を対象に、衛生委員会や産業医に対して従業員の健康管理に必要な情報を提供することが義務付けられた。

⑤高度プロフェッショナル制度の創設

　高度で専門的な職務に就き、年収が一定額以上の労働者に対して労働時間等の規制の対象外となった。

⑥正規雇用と非正規雇用の格差是正（同一労働同一賃金）

　正規雇用（正社員）と非正規雇用（非正社員）に関して、同一の労働をした場合は同一の賃金を支払うことが義務付けられた（中小企業は2021［令和3］年4月より開始）。

⑦中小企業への割増賃金率の猶予措置の廃止

　月60時間以上の時間外労働に対して50％の割増賃金を支払うことに関して、中小企業に対する猶予が廃止され、2023（令和5）年4月より開始されることとなった。

　働き方改革関連法の施行開始日は、企業の対応義務が開始される時期であり、時間外労働の上限規制（大企業対象）や有給休暇取得の義務化など5つの項目は2019年4月から適用が開始される。これらの中でも、特に時間外労働の上限規制や有給休暇取得の義務化、正規雇用と非正規雇用の格差是正に関しては、今後の経営に大きな影響を与えるだろう。

3　働き方改革関連法の課題

　一方で、この働き方改革関連法に対しては、さまざまな課題がある。たとえば、これまで長時間労働が常態化している組織で、単に時間外労働の上限規制だけを適用すれば、仕事そのものがまわらなくなり、仕事量を減らして事業を縮小するしかなくなってしまう。というのも、人員を増やすことで対応できればよいが、それでは人件費が増加し、事業そのものの価格競争力を失いかねず、どちらにしても経営負担は大きい。

　すなわち、長時間労働を是正していくためには、企業と労働者が一体となり、労働生産性を向上させることが不可欠となっている。労働生産性とは、時間当たりの付加価値を表す指標のことで、その向上には、仕事のムダやムリを洗い出して、より効率的に成果を生む方法を組織的に考えながら実践することが求められる。

4　医療分野における働き方改革

■（1）医師の時間外労働規制は2024年4月より開始

　これまでの日本の優れた医療提供体制は、医師等の医療従事者の過重な労働によって支えられてきた。特に一部の医師の負担はもはや限界を超え、医師の労働時間短縮が必須の課題となっている。そのため、2019年度から施行された働き方改革関連法案をそのまま当てはめて、医師も一般労働者と同様に年間360時間までの時間外労働しか認めないとした場合、地域の医療提供体制（たとえば救急医療など）が成り立たず、地域社会そのものが崩壊しかねない現実的な問題がある。

　そこで、医師への時間外労働の上限規制は、5年間適用が猶予され、2024（令和6）年4月からとし、それまでに現状の改革を進めることとした。また、適用猶予期間終了後も、労働基準法36条が定める上限時間が適用になるのではなく、当分の間は、限度時間並びに労働者の健康及び福祉を勘案して厚生労働省で定める時間となった。

■（2）医師の働き方改革に関する検討会

　これを受けて、厚生労働省は「医師の働き方改革に関する検討会」を設置し、医師の健康確保と地域医療提供体制の確保との両立を目指す改革の検討を行い、2019年3月28日に報告書としてまとめた。

　報告書では、すべての医療機関において労務管理の徹底・労働時間の短縮などを進め、2024年4月以降は、年間の時間外労働960時間以下を目指す。そのうえで、労働時間短縮を進めてもこの上限に収まらない労働が必要な救急医療機関等では、年間1,860時間以下の特例が認められ、とりあえずはこの基準を目指すとされた。

　さらに、これらの制限とは別に、研修医や高度技能の獲得を目指す医師を対象に時間外労働を年間1,860時間以下まで認める特例も用意された。ただし、その場合においても一般の労働者と比べて労働時間が長くなることから、連続勤務時間制限や勤務間インターバルなどの追加的健康確保措置をとることを医療機関に求め、医師の健康確保と地域医療の確保との両立実現を図ることとした。

　具体的な人的資源管理としては、①医療機関のマネジメント改革（管理者・医師の意識改革、タスク・シフティング、タスク・シェアリングなど）、②ICT等を活用した業務効率化、③地域医療提供体制における機能分化・連携、④医療機関の集約化・重点化の推進、⑤医師偏在の是正、⑥上手な医療のかかり方の周知などを総合的に進め、特に目標水準よりも労働時間の長い医療機関については、医師労働時間短縮計画の策定をしていくこととなった（図10-1）。

　とりわけ、タスク・シフティングについては、医師等の包括的指示の下で一定の医行為

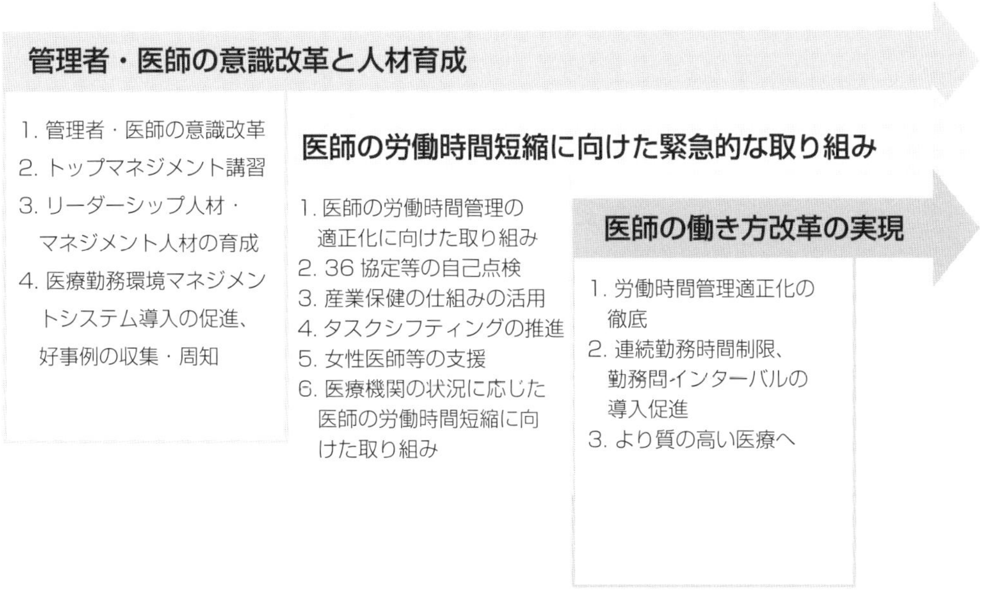

出典：『医療経営白書2019年度版』(日本医療企画)

図10-1　医師の働き方改革を実現するためのタスク

を実施できる特定行為の研修を修了した看護師育成と増員を図るため、日本病院会や外科系学会社会保険委員会連合(外保連)でも積極的に取り組む姿勢を明確にしている。

　また、医療機関や医療機能の集約化によって、シフト勤務がしやすい人員体制の確保を促進するために、患者のアクセス等にも配慮したうえで、地域医療構想調整会議などで医療機能・医療機関の集約・統合をこれまで以上に積極的に議論していくこととなった。加えて、かかりつけの医療機関を強化し、国民に上手な医療のかかり方を広く周知していくこととされた。

5　医師の労働時間規制

　こうした労務管理の徹底・労働時間の徹底を進め、2024年4月以降は、すべての医師において時間外労働を年間960時間以下(A水準)とすることを目指すとしているが、このA水準は、脳・心臓疾患の労災認定基準となる過労死ラインでもあり、一般労働者に比べて規制が甘く、医師によっては厳しい労働環境であることに変わりがないものとなっている。

　この理由として、医療サービスにおいては、①患者の急変等は完全に予見できない不確実性が高く、業務の見通しがしづらい、②公共性が高く、社会的なニーズに応える責務がある、③高度な専門性が必要で担当者の代替性が低い、④技術革新と水準向上という特殊性があることから、常に自己研鑽が求められる――ことがある。

　そして、長時間労働の是正策としては、新たに設けられた都道府県医療勤務環境改善支援センターが問題の多い病院組織へ重層的・集中的に改善支援を行っていくこととした。

　また、初期臨床研修医や新専門医制度の専攻医、高度技能獲得を目指す医師は、短期間に集中的に症例を経験する必要があることから、一定程度の長時間勤務を認めることが必要である。これに対して、高度技能を獲得したいとの希望を持っているにもかかわらず、時間外労働である960時間以上の診療等はできないとするのは、その医師のキャリア形成を妨げ、将来、わが国の医療水準が低下する事態を招く懸念がある。

　よって、米国のACGME（Accreditation Council for Graduate Medical Education：卒後医学教育認定評議会）の研修医労働時間である年間1,920時間制限を参考に、集中的技能向上水準として年間1,860時間以下の水準が設けられた。ただし、この水準も長時間労働になる危険があることから、追加的健康確保措置を義務化するとともに、初期臨床研修医については、勤務間インターバルを必須とし、連続勤務時間制限は15時間以内（指導医の勤務に合わせて24時間も可能）とする特別の配慮がなされている。

　さらに、初期臨床研修医、および新専門医制度の専攻医については、病院組織が研修プログラムの中で「当院の時間外労働上限は○○時間である」ことなどを示し、研修希望者が選択できる環境整備の促進を図り、もしプログラムより長時間の労働が課された場合には、臨床研修病院の指定取り消しなどの罰則が課されることとなった。

　また、高度技能獲得を目指す医師については、技術獲得を目指す医師側が、高度特定技能育成計画を作成し、これを新たに設けられる医学会などで構成される審査組織でチェックし、長時間労働の可否を判断することになった。

　これらの施策は、宿日直許可基準や副業・兼業の取り扱いもあわせて、地域医療構想の実現や医師偏在対策、大学医学部入試・教育、国民の合意形成と連環しており、実現に向けて医療業界全体で検討する必要がある。

6　タスク・シフティング、タスク・シェアリング

　厚生労働省は、医師の働き方改に関する検討会の提言を受け、「医師の働き方改革の推進に関する検討会」と並行して設置された「医師の働き方改革を進めるためのタスクシフト・シェアの推進に関する検討会」によって、医師の労働時間短縮を目的とした一部業務を他職種に委託する動きが活発化している。

　具体的には、医師から他職種にタスク・シフティングできる可能性がある業務を①現行制度の下で実施可能である業務、②現行制度の下で実施可能か否かが明確に示されていない業務、③現行制度の下では実施できないが、実務的には十分実施可能で法改正等を行えば実施可能となる業務の3つに分け、このうち③の業務については、医療安全を確保するために、どういった教育・研修が必要なのかなどの点について関係学会等が意見を募り、

それをベースに法改正の必要性やその内容を検討することとした。

　また、タスク・シフティング／シェアリングの導入で、とりわけ重要となるのが、医師の時間外労働の規制を特例的に猶予する水準の医療機関である点を踏まえ、その猶予の水準指定の枠組みの中にタスク・シフティングを明確に位置付けるとしている。

　すなわち、①管理者向けのマネジメント研修、管理者が行う救急科の医師や研修医などの対象医師への説明や、管理者と対象医師との意見交換の場などの機会を通じ、各医療機関が取り組むタスク・シフティング／シェアリングについて周知し、徹底する策を講じる。②長時間労働の規制が猶予される医療機関等に作成が義務付けられる医師労働時間短縮計画の中に、各医療機関が自院で実施するタスク・シフティング／シェアリング項目を選定し、その取り組み状況の記載を求める。③長時間労働の規制が猶予される医療機関指定の前提となる評価機能による評価項目の中に、タスク・シフティング／シェアリングに向けて重要と思われる項目を加えることが検討されている。

　たとえば、看護師には、包括的指示の有効な活用、特定行為、定型的血液検査等の指示の代行入力、外来でのワクチン接種、患者に対する放射線治療についての説明・相談、抗がん剤治療中や放射線治療中の患者の検査オーダーについての事前に合意されたプロトコルに基づいての実施がそれにあたる。

　また、助産師には、院内助産および助産師外来が、そして、医師事務作業補助者には、患者への検査手順説明、入院説明、同意書の取得や、診断書、入退院サマリー、各種パスの電子カルテへの代行入力等、申請書等の草案作成、診療データ入力・解析、統計作成、当直表作成等の各種書類作成等事務業務を任せることが検討されている。

　さらに、薬剤師には、持参薬の入力等含む術前服薬指導、薬物療法のモニタリングの実施とその結果に伴う処方内容の見直しの提案を、診療放射線技師には、医師の包括的指示に基づいた、撮影部位の確認と追加撮影オーダーや血管造影・IVR診療の補助行為が検討され、臨床工学技士には、全身麻酔装置に伴う麻酔作動薬や循環作動薬、輸液を投与する行為、臨床検査技師には、心臓・血管カテーテル検査における超音波検査等の検査のための装置の操作等、義肢装具士には、医師の指示に基づく、断端形成、潰瘍部の免荷、ギプスの介助等、言語聴覚技師には、医師包括的指示に基づく嚥下検査の実施が検討されている。

② ダイバーシティ経営

1　ダイバーシティ経営とは

　ダイバーシティとは、組織が均質な状態(モノカルチャー)から変化した多様性を内包した状態と定義される。最初は、社会的マイノリティの就業機会拡大を意図して使われることが多かったが、現在は、性別や人種の違いに限らず、年齢、性格、学歴、価値観などの多様性を受け入れ、広く人材を活用することで生産性を高めようとするマネジメントのことを言う。

　ダイバーシティ経営とは、多様性を意味するダイバーシティを生かした組織のマネジメント・アプローチのことで、組織内における個人の多様性をマネジメントの中で新たな価値・発想として取り入れることで、ビジネス環境の変化に迅速かつ柔軟に対応し、組織の成長と個人の幸せにつなげようとする戦略である。医療組織においてもすでに日本ヘルスケア・ダイバーシティ学会が設立されるなど、その導入が始まっており、外国人労働者や障害者雇用に尽力する先駆的ないくつかの病院の事例報告が行われている。

2　外国人医療従事者

　2019(平成31)年4月に新しい出入国管理法(入管法)が施行されたことで、介護職を含む14業種に関して、特定技能という在留資格による外国人の就労が認められた。これによる医療・福祉領域における外国人人材の受け入れ方法は、①EPA(Economic Partnership Agreement：経済連携協定)に基づく受け入れ、②資格を取得した留学生への在留資格付与(在留資格「介護」の創設)、③技能実習制度への介護職種の追加、④介護分野における特定技能の在留資格の受け入れの4つとなった。

　①EPAに関しては、2008(平成20)年以降、すでにインドネシア、フィリピン、ベトナムの3か国から候補者の受け入れが始まっていた。しかし、実際は医療・福祉現場で求められる日本語能力習得のハードルの高さから、国家試験合格率は低く、特に看護師において外国人人材受け入れがあまり進んでいない状況にある。たとえば、2019年度のEPAに基づく外国人看護師の日本の看護師国家試験合格率はわずか16.3％に留まり、これは看護師全体の国家試験合格率が89.3％であることと比較すると著しく低いと言わざるを得

ない。

　一方、介護福祉士については、2018（平成30）年度までに前出の３か国から累計4,302人の介護福祉士候補者を受け入れ、757人が資格取得している。また、2017（平成29）年からはEPA介護福祉士の就労範囲に、従来は認めていなかった訪問系サービスが新たに追加され、訪問介護等も実施できるようになったことから、今後、受け入れは進むと考えられる。

　④の改正入管法による特定技能による受け入れ対象国は、創設時にはベトナム、中国、フィリピン、インドネシア、タイ、ミャンマー、カンボジア、ネパール、モンゴルの９か国に限定されており、そのうちすでに看護師・介護福祉士が活躍するEPAと同様に、フィリピン、インドネシア、ベトナムの３か国が含まれ、とりわけベトナムからの受け入れが注目されている。全日本病院協会では、2019年にベトナム及びミャンマーから１年間の日本語教育を修了した看護師資格者の受け入れを開始し、日本の介護施設等で活用する事業に注力している。

　医師の受け入れについては、2015（平成27）年に国家戦略特区法の改正によって外国人医師の受け入れにかかわる規制が緩和され、特区内で指導体制さえ整っていれば外国人医師が単独の診療所でも仕事ができ、限定的ではあるが、今後数が増えていく可能性がある。

　ただし、これらには課題も少なくない。たとえば、医療・介護現場では高齢者を相手にすることが多いため、外国人ということに抵抗感を持つ場合がある。また、外国人が日本語をマスターすることに予想以上の困難さがあるようで、患者と外国人スタッフの相互に言葉の壁が、サービスの壁となることも多い。医療分野や介護の現場で働く外国人労働者は、日本の国家試験に所定の年数で合格できなければビザは更新されないので、これが大きな壁となり、就労を難しいものにしている側面がある。特に医療と医学は日本人でも覚えるのが難しい用語や漢字が多くあり、日本語で国家試験に回答することは、母国で優秀であった学生や看護師でも極めてハードルが高い。よって、日本が今後、優秀な人材を海外から確保できるかは、言語と技術の両面の手厚いサポート体制をどう整えていくかがカギを握る。

3　女性が働きやすい職場づくり

■（1）職場環境の整備

　病院組織は女性職員の割合が他産業に比べて高く、また、医師や看護職の慢性的な不足が経営課題となっている今日、結婚や出産、育児などで定着が難しいと言われる女性の労働環境を改善し、貴重な戦力として活かすことが求められる。

　女性職員にとって働きやすい職場環境の整備は、男性職員も含めた病院全体のテーマで

もあり、具体的にはフレックスタイムなどの柔軟な勤務時間制、再雇用・再研修の支援制度、乳幼児の託児機能の充実、人材バンクの活用、複数の医師による交代主治医制、院内学童保育の充実などが挙げられる。

　ある病院では、育児中の女性職員を対象として業務の負担を軽減する多様就業対応型のワーク・シェアリングを導入し、成果を上げているところもある。また、結婚や出産で職場を離れた潜在看護職に対して、複数の病院が共同してカムバックナースと称して現場復帰を支援する研修プログラムを開催している。さらに、医師の過度な負担の一因となっている小児救急医療について、母親を対象とした小児救急に関するセミナーを実施し、安易な救急受診の抑制による医師の負担軽減に役立てている。

■（2）セクシャル・ハラスメント対策

　女性職員の多い病院では、セクシャル・ハラスメント（セクハラ）が発生しやすい。人的資源管理では、良好な職場環境の維持の観点から、その防止、対処法の知識は必要となる。セクハラには、職場にヌードポスターを貼ったり、卑猥な話をするなどの環境型と、飲み会の席で酒のお酌を強要したり、デートに執拗に誘うなどの対価型がある。これらの行為は、男女雇用機会均等法において、職場における性的な言動に起因する問題に関する雇用上の配慮を雇用者側に求めている。

　病院としての組織的なセクハラ防止策としては、院内の就業規則などでセクハラの禁止事項を明示し、研修などで意識改革も含めて徹底を図ることが挙げられる。万が一、セクハラ行為があった場合に備えて、被害にあった職員が気軽に相談できる窓口を設置し、迅速に事実関係を調査する。また、その調査中においても、被害者への二次的な被害が発生しないよう十分に配慮して対応する。

4　女性医師のワーク・ライフ・バランス支援

■（1）女性医師の働き方改革

　女性医師の働き方改革を進めるうえでは、次に挙げる5つのHが重要である。

①HRM（人的資源管理）

　日本の人事制度は欧米に比べて評価基準が曖昧だとういう指摘をよく耳にするが、その最大のデメリットは長時間労働者を過度に優遇することがあり、この組織風土では、いつまで経っても医師のワーク・ライフ・バランスは向上しない。まずは、仕事の成果を生産性の高さで評価する透明な人事制度へと変更すべきである。

②Husband（夫である男性医師）の意識改革

　既婚女性医師の半数以上の夫が医師である現状では、妻の仕事に理解と協力が得られる

パートナー選びは女性医師にとって充実した人生の実現には欠かせない。

④Half＆Shareの考え方

すなわち、夫婦2人で1.5人分の仕事を無理なくこなすという柔軟な発想を持つということである。仕事を一人で抱え込んでバーンアウトに陥らないないよう、これからはワーク・シェアリング、複数主治医制、グループ開業を利用して、多様な働き方が選択できるようにしながら、キャリアを中断させないことが重要である。

⑤Hart（感謝の言葉）

今後は、短時間勤務や当直免除など、支援制度はあって当たり前の時代になるが、この当たり前を権利の主張として乱用しない組織文化が院内に求められる。女性医師支援策は、現実的には周囲の誰かに負担増を強いることは避けられない。女性医師就労支援はお互い様の精神が不可欠で、周囲に対する感謝の気持ちを常に言葉として表すことが制度の定着と持続性を高める。

▎(2)女性医師支援

これまで女性の就労支援と言えば、院内保育所や産休・育休制度の整備だったが、これからは多様な働き方を選択できる、ダイバーシティに基づくワーク・ライフ・バランス支援へと新たな段階へと進化しつつある。たとえば、女性医師が、自分のライフイベントに合わせて専門的にトレーニングが受けられて、長期的な視点でキャリア設計できる職場環境の整備が必要である。

しかし、これまでは女性医師支援を充実すると、男性医師や子育て中ではない女性医師に、その業務のしわ寄せが及ぶ問題が発生していた。そこで、フルタイムの医師と、時短勤務の医師には給与の差をつけて適切に評価する、同一労働同一賃金を徹底することなど、ダイバーシティの実現には、掛け声だけではなく不公平感をなくす具体的な人事制度の見直しが求められる。

こうした中、2006（平成18）年から、NPO法人イージェイネットによる「働きたい病院評価（G-ホスピレート）認証制度」がスタートした。この制度は、「女性医師を含むすべての医療従事者が安心して働くことができる病院という観点」から、外部機関が医療機関を評価・認証することで、改善・改革の課題を明らかにして、さらに一歩前進した組織へと進化させることを目的としている。2020（令和2）年3月現在、全国の25の医療機関が認証されている。

審査は、特定の書式に基づく医療機関の自己診断書や関連文書、職員の思い調査、専門家の訪問診断によって行われ、医療機関従事者の働く環境としての働きやすさと、患者さんに豊かな医療を提供するやる気にあふれた職員にとっての働きたい病院であるかが評価される。

評価項目としては、①トップのコミットメントとして、経営方針、組織、体制、仕組み

作り、組織風土、②ハード面として、人事、目標管理、就業規則、規定、制度、労働環境、③ソフト面として、研修、教育、プログラム、窓口、福利厚生、情報システム、④コミュニケーションの4つの側面がある（図10-2）。

■（3）女性医師数の諸外国との比較

　メキシコを除くOECD加盟34か国での自国内の全医師数に占める女性医師の割合は、2010（平成22）年の平均41％から5年間で5.5ポイント上昇し、2015年は平均46.5％となり、まもなく世界の医師の半数が女性となる時代を迎えようとしている。国別で最も割合が高い国は、ラトビアの74.4％で、続いてエストニア、スロベニアは60％を上回っており、東欧諸国では女性医師が主流であるとしても過言ではない（図10-3）。

　また、西欧先進国も2000（平成12）年の35％前後から15年間で約10ポイント上昇し、イギリス45.9％、ドイツ45.7％、フランス44.3％など、各国とも女性医師が急増している。とりわけ、オランダでは、2000年の35.3％から2015年には52.6％となり、15年間で17.3ポイントの急伸を示した。このような世界の趨勢の中でOECD加盟国の中で最も女性医師の割合が低いのが日本であり、最近ようやく2割を超え、医師のジェンダーでは特異な国となっている。

　女性医師をその人数で見た場合、OECD加盟34か国で働くすべての女性医師約135万人のうち、アメリカが約29万人で全体の21.3％、次いでドイツが約15万人で11.1％、以下、スペイン（約9.5万人）、フランス（約9.4万人）、イギリス（約8.3万人）となり、日本は約6万人で第7位にランクインし、これら上位7か国で女性医師全体の64％を占める。

　すなわち、女性医師の割合が極めて高い東欧、北欧諸国は、自国の医師数が少なく、たとえば自国内の7割が女性医師である小国エストニアの医師数は、男女合わせても約

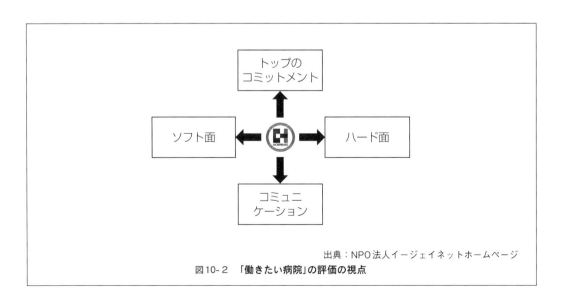

出典：NPO法人イージェイネットホームページ

図10-2　「働きたい病院」の評価の視点

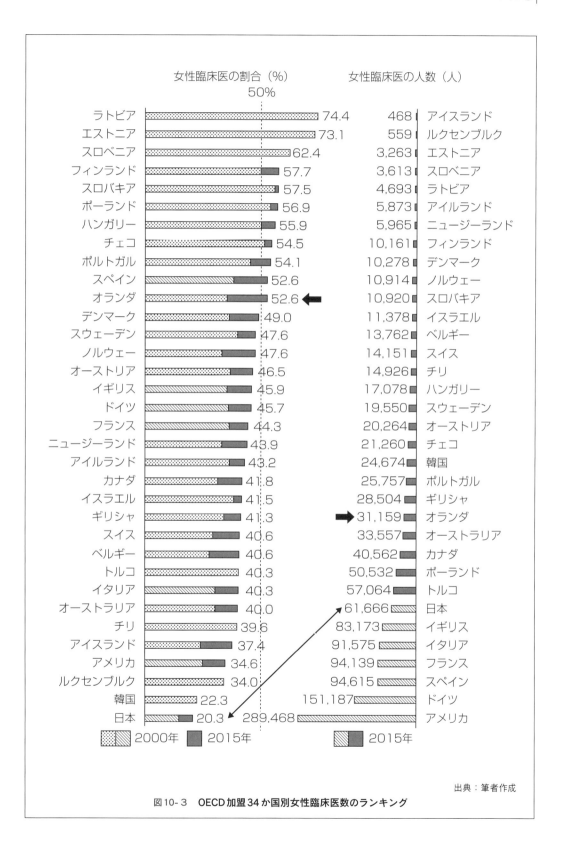

図10-3 OECD加盟34か国別女性臨床医数のランキング

出典：筆者作成

4,000人強しかいない。したがって、女性医師のワーク・ライフ・バランス政策を比較する場合、人口が少なく社会保障制度の成り立ちが大きく異なる東欧や北欧諸国と性別割合の高低だけをもって論じるのはかなり無理があり、自ずと現実的な比較対象国は、アメリカ、イギリス、ドイツ、フランスなどを中心とした主要国が適当となるが、それでも、これらの国の中で日本の女性医師の割合はその低さが突出していることに変わりはない。

ただし、2015年までの過去15年間における女性医師の割合の増加は、世界的な傾向であり、これまで割合が低かったアメリカ、日本の増加も著しい。近未来をほぼ確実に予測する医学部入学者の男女比を考えれば、この傾向はしばらく続くことが予測される。

すなわち、OECD加盟34か国の全医師数約300万人の半数を占める日・米・英・独・仏の5か国の女性医師の動向が、この先10年の医師の働き方に与えるインパクトは大きく、日本もそれを前提とした政策を検討する必要性はここにある。

■ (5)諸外国における施策

欧州では女性医師における家庭医人気の高まりは、少なからず医師の地域偏在に影響を与えている。たとえば、フランスでは、女性家庭医の多くが都市部での勤務を選び、医師不足に悩む地方は医師誘致にやっきになって好条件を提示する話など、地方の医師不足は女性医師のワーク・ライフ・バランス志向と無関係ではない。そして、実は女性医師の悩みは国を問わず共通点も多い。

たとえば、職場のストレスを家庭へ引きずって子育て等に悪影響を及ぼすスピル・オーバー現象、賃金水準、または昇進が男性に比べて有意に低かったり、遅かったりするガラスの天井の存在が報告されている。また、欧米でも女性医師のパートナーの職業は圧倒的に医師が多いため、家事や育児の負担で必ずしも夫の協力が得られないことによるワーク・ファミリー・コンフリクトを感じる女性医師が多く、それが原因でキャリアを途中で断念して離職する水漏れパイプは、これまで何度となく問題とされてきた。

それに対して欧州諸国は、医師を特殊な職業として聖域扱いとせずに出産や子育てを支援しようとする社会システムの中に取り込んできた。たとえば、イギリスでは、1998年に施行された労働時間の短縮を行わない雇用主に対して経済的ペナルティーを強いる欧州労働時間指令(EWTD：European Working Time Directive)によって、医師においても平均週48時間を超える労働が違法となり、その後、欧州の女性医師の労働時間は概ね週40時間程度まで低くなった。

また、女性医師のキャリアパスを働く場所で見た場合、欧米では家庭医として診療所で働くか、専門医として病院で働くかの選択は日本より明確である。欧米では、家庭医は専門医の1つであり、家庭医への道は研修時から分岐され、ワーク・ライフ・バランス志向の強い女性医師は、比較的家庭医を選ぶ傾向にある。

すなわち、欧州では、研修医となる前後に家庭医と専門医のキャリア・コースが分岐さ

れていることから、早期に医師としての働き方や生活設計を見極めなければならない。それに対し、日本では、ほとんどの医師が病院勤務の専門医を経て、中年期に開業医へキャリア・チェンジを自由に選択できる。この違いは、当然ながら女性医師のキャリア・デザインやワーク・ライフ・バランスのスタイルの違いに影響を及ぼす。

　よって、最近、日本で政府の議論の俎上に載り始めた、開業医が過剰な都市部における開業規制の検討は、近い将来、医師のキャリア・デザインに大きな変革をもたらし得る。たとえば、グループ開業や地方での家庭医志望が女性医師の間で人気となる時代が来るかもしれない。

問題 1 働き方改革関連法による法改正について、次の選択肢のうち誤っているものを1つ選べ。

[選択肢]

①時間外労働の上限規制に対して、36協定を締結していれば守らなくてもよくなった。

②年間10日以上の有給休暇がある労働者に対して、年間5日以上の有給休暇を取得させることが義務付けられた。

③勤務日の終業時刻と翌日の始業時刻の間に一定時間のインターバルをおくことが義務付けられた。

④50人以上の事業場を対象に、衛生委員会や産業医に対して従業員の健康管理に必要な情報を提供することが義務付けられた。

⑤正規雇用（正社員）と非正規雇用（非正社員）に関して、同一の労働をした場合は同一の賃金を支払うことが義務付けられた（中小企業は2021年4月より開始）。

①

①×：時間外労働において、年720時間以内、月45時間を超える月は6か月
　　以内、2～6か月の平均が80時間以内、かつ単月で100時間未満の3
　　つの条件をすべて満たさなければならなくなった。

②○：選択肢のとおり。

③○：選択肢のとおり。

④○：選択肢のとおり。産業医、産業保健機能を強化した。

⑤○：選択肢のとおり。正規雇用と非正規雇用の格差是正(同一労働同一賃金)
　　が狙い。

第11章

組織のリスクマネジメント

1 組織のハザード
2 ヒューマン・エラーと医療安全
3 コンプライアンスとメディエーション

組織のハザード

1 ハザードとは

　医療組織におけるリスクマネジメントの目的は、「事故防止活動などを通じて、組織の損失を最小に抑え、医療の質を保証すること」(日本看護協会)であり、人的資源管理にとっても重要なテーマとなる。その目的の達成には、リスクを把握・分析して発生頻度や影響度の観点から評価するリスクアセスメントと、リスクレベルに応じて対策を講じるリスク対応の2つのプロセスが必要となる。

　前者のリスクアセスメントは、リスクの先行要因、すなわちハザードの特定から始める。危険に対する英語には、デンジャー(danger)、ペリル(peril)、ハザード(hazard)、リスク(risk)などの表現があるが、ラリー(E.P.Lalley、1982年に『Corporate Uncertainty and Risk Management』を著した経営学者)はリスクを損害発生の可能性として捉え、デンジャーとペリルは損害を生じさせる作用、ハザード(hazard)は損害発生の可能性を高める条件としている。すなわち、ハザードとは、偶然や運といった意味が含まれ、必ずしも悪い結果につながるとは言い切れない。医療の中では事故発生の可能性を高める環境・事象・要因などを指す。

　ハザードの特定は、個人の直感だけに頼ることは困難で、組織的な対応が必要となるが、一般的には過去に発生したインシデント・アクシデント報告などの事例や現場における医療安全ラウンド、KY活動から収集した情報を、診療科別、業務別、または事故の種類別などに分類・整理して特定する。また、ハザードを特定するだけではなく、ハザードがもたらすリスクがどのようなものかを判断することも重要となる。

2 ハザード知覚

　ハザード知覚とは、ある状況の中で事故発生の可能性を高めるような環境・事象・条件・要因、すなわち事故に結びつくかもしれないと認知する心理的な過程である。一方、その状況において事故が発生する可能性や重大さがどの程度あるかを評価する心理的な過程をリスク知覚という。

　一般的に、発生確率と、発生した場合に悪い結果となる確率、悪い結果の重大さの3つ

を組み合わせたリスクレベルは、患者の状態や環境などによって変化するので、発生の可能性が低くて状況が複雑ではない場面ではハザードを特定しやすい。その逆に、患者の疾患や症状、薬剤などが多岐にわたり多くの専門知識や判断を要するような場合はハザードを特定しづらい傾向がある。

　また、業務への熟練はハザードの特定を高めるが、一方で慣れや過信によりリスクレベルを過小評価してハザードを見逃すこともある。さらに、知覚や判断力・反応時間といった能力は加齢に伴い低下する傾向にあることにも留意する必要がある。

3　集団思考

　組織のハザードとしては集団思考がある。一般的に人は集団内のメンバーと同じ行動をとろうとする傾向がある。逆の言い方をすれば、集団にはそのメンバーの行動や態度を斉一化する圧力が働く。この斉一化圧力の結果によって人の行動や態度が変化することを同調と呼ぶ。この同調は組織によってプラスに働くことは多く、組織が協力して何かを成し遂げようとするときには、同調への圧力が組織力を高めることがあるが、時として組織を誤った方向に導くこともある。

　集団思考とは、能力が高くてまとまりの良い優れた組織が決定を行う際に陥りやすい行動傾向であり、その特徴としては、自らの組織への過大評価や情報分析の偏り、そして同調圧力の高まりが挙げられる。過剰な同調圧力の下では楽観論を支持する情報が過大に評価されることとなり、リーダーにとって不利な情報は誤った情報であると排除されるので、最終的には満場一致の幻想と呼ばれる同調圧力が集団内の賛同、すなわち斉一化を促す。

　このように、どんなに優れた組織であったとしても、時に何の裏付けもないリスクを伴った間違った意思決定を下すことがあるハザードを持っていることに注意すべきである。

② ヒューマン・エラーと医療安全

1　ヒューマン・エラー

　ヒューマン・エラーとは、意図しない結果を生じる人間の行為のことで、たとえば、見間違えた、やり間違えた、やり忘れたなどのように過去形で表される事象であって、やるべきことには規則や法律で定められていることだけではなく、常識や規範とされるもの、期待されること、また自分がやろうとしたことなども含まれる。ただし、故意にやるべきことをやらなかったり、または、やってはならないことをすることは違反と呼ばれ、ヒューマン・エラーとは区別とされる。

　ノーマン（D.A.Norman：1935-、米国の認知科学者でカルフォルニア大学サンディエゴ校教授）は、ヒューマン・エラーとなる一連の行動を計画（意図の形成）の段階と実行の段階の2つに分け、計画段階の間違いをミステイク（mistake）、実行段階の間違いをスリップ（slip）と呼んだ。ミステイクはルールに従って実行しても発生する計画自体に原因があるエラーであり、スリップはボタンの押し間違いなど、うっかりミスと呼ばれるもので、実施者の注意減少・混乱が原因とされる。

　また、ヒューマン・エラーは、その結果として、人・モノ・環境・動物などの安全・健康・機能・不利益など広義の悪影響を与える。一方で事故の原因はヒューマン・エラーだけではなく、それを取り巻く作業環境・施設や設備・教育訓練・企業の安全への取り組みなど多くの要因が含まれ、これらをヒューマン・ファクターと言い、組織としてヒューマン・エラーを誘発させるヒューマン・ファクターをいかに除くかが重要となる。

　ヒューマン・ファクターを考える場合、人間は誰でも間違えるという特性を前提として、安全意識は教育研修で高めることは可能であっても完全に変えることは難しいと認識しておくことが大切である。たとえば、疲労という人間の生理学的特性を踏まえたうえで一定の時間ごとに休憩を必ず取る勤務時間の設定や認知的特性を踏まえて同時に複数の作業を行えない作業手順にすることが考えられる。このような対策は、万が一間違えても致命的な事故につながらないフェイルセーフと、機械等の操作や方法を間違えないようにするフールプルーフがある。

2　インシデント・アクシデント報告

　インシデントとは、ミスがあったが事故に至らなかった場合で医療現場ではヒヤリハットと呼ばれる。一方のミスが事故に至った場合がアクシデントで、医療の場合は医療事故と呼ばれ、その原因であるミスを医療過誤と言う。たとえば、間違った薬剤を患者に投与しようとしたが、同僚がミスに気づいたので間違った薬剤の投与までは至らなかった場合はインシデントとなり、誤って薬剤を投与してしまった患者の容体が悪化した場合はアクシデントとなる。

　アクシデントは医療行為にかかわるものだけではなく、転倒や転落なども含まれ、患者だけではなく医療従事者が被害を受けた場合も医療事故とし、組織として対応が求められる。そして、インシデントであったとしても再発防止のためには、組織に対してインシデントレポート（報告書）の提出が必要となる。

　このインシデントレポートは院内の医療安全や今後の再発防止につなげるために、いつ・誰が・何を・なぜ・どのように、・どうしたのかという5W1Hで記載する。記載は、指示された投与量（○ml）に対して誤って（○ml）投与したなど、できるだけ数値化し、時間も分単位、1人で対応したのか2人で対応したのかなども示す。

　また、事実経過を明らかにしたあとは、発生した理由を自分なりに追究し、不明点があればその都度、情報を洗い出していき、インシデントの裏に潜んでいる直接的な原因や要因を見つけ出していく作業が必要である。そして、最終的にはインシデントレポート（報告書）をもとに院内全体で問題点を共有し、今後の改善や再発防止に活用していく。

3　医療安全教育と学習支援

　医療安全に関する教育内容としては、厚生労働省の「医療安全管理者の業務指針および養成のための研修プログラム作成指針」等で提案されており、病院組織内ではこれを参考に研修を行っている施設が多い。たとえば、WHO（World Health Organization：世界保健機関）による医療安全教育の学習項目は、次のようになっている。
①患者安全の定義と目的
②患者安全におけるヒューマン・ファクターズの重要性
③システムとその複雑さが患者管理にもたらす影響
④有能なチームの一員であることの自覚
⑤エラーに学び、害の予防
⑥臨床におけるリスク管理とマネジメント
⑦品質改善の手法を用いた医療の改善
⑧患者や介護者との協同

⑨感染予防とその管理

⑩患者安全の侵襲的処置

⑪投薬の安全性の改善

　また、安全に関する技能や行動のスキルには、大きくノンテクニカル(ヒューマン)スキルと、テクニカルスキルの2つがあり、そのうちノンテクニカル(ヒューマン)スキルには、①状況認識、②意思決定、③コミュニケーション、④チームワーク、⑤リーダーシップ、⑥ストレス管理、⑦疲労対処──がある。

　危険感受性を高める訓練には、イラストや写真や動画を用いて、そこに潜んでいる危険な要因に気づく知覚能力を養う、危険(K)・予知(Y)・トレーニング(T)を意味するKYTや、航空業界を発端としたチーム訓練で、ストレスに対する人間の脆弱性とヒューマンエラーの性質、ならびにエラー対策などを含み、チームワークの醸成と問題解決、効果的な情報伝達などを目的としたCRM(Crew Resource Management)がある。

　また、医療チームが機能する仕組みとチームワークの促進に関する教育方法としてTeam STEPPS(Team Strategies and Tools to Enhance Performance and Patient Safety：医療のパフォーマンスと患者安全を高めるためのチームで取り組む戦略と方法)がある。Team STEPPSは、米国のAHRQ (Agency for Healthcare Research & Quality：医療研究品質庁)で開発され、国家的事業として普及啓発活動が行われているプログラムで、安全なチームとして活動するためには、メンバーに、リーダーシップ、状況モニター、相互支援、コミュニケーションという4つの技能が求められとしている。

4　組織とリスクマネジャー

　リスクマネジメントでは、組織に医療安全のための管理委員会の設置が求められ、一般的に医療安全管理委員会が管理者(病院長)の下に設置される。多くの病院組織では、委員会の長を病院長や副病院長が務め、各部門から選ばれた委員と医療安全管理者(ゼネラルリスクマネジャー：GRM)、事務部長等によって構成される。また、その委員会の下に医療安全管理室が設けられ、その中に医療安全管理室長と複数名の医療安全管理者が配置される。さらに、現場の各部署で選任される医療安全推進担当者(リスクマネジャー：RM)は各部署の安全管理を統括する。

　医療安全管理委員会の役割は、医療安全管理の検討および研究、医療事故の分析や再発防止策の検討、医療安全管理のための職員への指示などを行い、月1回程度開催される委員会において決定された方針に沿って運営される。医療安全管理室は、医療安全に関する現場の情報収集やマニュアルの作成・見直し、ヒヤリ・ハット報告の収集や分析とその現場へのフィードバックや改善策の提案、医療安全に関する職員への啓発や教育研修の企画・運営等を行いながら、医療事故発生時には関係者へ必要な指示をする。

　このようなリスクマネジメントをして組織的に医療安全に取り組んだにもかかわらず、不幸にして医療事故が発生した危機(クライシス)に関する対処法がクライシスマネジメントである。クライシスマネジメントでは損失を最小限に抑えることに主眼が置かれる。

　医療事故の場合は患者の健康被害を最小眼に抑えることが最優先されるが、経営面からは医療施設の損失を最小限に抑えることも同時に重要となる。具体的には医療安全の責任者(医療安全管理者)等が情報をできるだけ正確に把握し、被害者とその家族が納得できるような説明を組織として行うことが求められる。被害者とその家族の了承が得られれば、場合によっては記者会見を開くことにより社会的責務を果たすことも必要となる。このようなオープンなクライシスマネジメントはインターネット社会ではますますその重要性を高めている。

③ コンプライアンスとメディエーション

1　コンプライアンス

　コンプライアンス（compliance）とは、法令遵守と訳されることが多く、企業においては定められた法律や規則を守って経営を行うことをいうが、単に法律を守ることだけではなく倫理観や道徳観、社内規範といったより広範囲の意味として使われることが一般的になっている。

　コンプライアンスが重要視されるようになった背景には、近年、相次いで発生した企業等の不祥事が関係しており、たとえば、顧客のメールアドレス・パスワードの流出や、建物の耐震基準偽装、食品の産地偽装などもコンプライアンス違反である。組織にとってコンプライアンスに違反すると社会的な信頼を失うダメージが大きいことがある。逆に言えば、コンプライアンス体制の構築は、法令遵守に対する職員の意識を高め、不正をしづらくする環境と風土を確立することによって住民や取引先から高い信頼を得ることになり、結果として業績向上やブランド価値の向上につなげることができる。組織における具体的な取り組みとしては、次のようなことなどがある。

①コンプライアンスの推進体制の構築
②基本方針の策定、社内規定（企業倫理規定）の作成
③社内規定（企業倫理規定）の策定
④研修・教育の企画と実施
⑤内部通報制度の構築、苦情対応窓口の設置と対応
⑥第三者委員会の活用
⑦職員の意識改革
⑧問題発生時における対応

2　メディエーション

　メディエーション（mediation）とは、問題に直面する人を支援するプロセスである。メディエーター（mediator）と呼ばれる第三者が問題に直接対応するのではなく、直面する人を支援する。つまり、医療関係者や患者・家族などの当事者の問題解決に向けた行動を

支援することがメディエーションとなる。

　多くの医療現場では、医療事故などの紛争が発生した場合、医療施設にある相談窓口で患者・家族からの相談に直接対応する必要があるが、メディエーターは医療施設内の職員であるので純粋な第三者ではない。したがって、医療施設内でメディエーターを活用する利点は、第三者性そのものではなく、医療関係者あるいは患者・家族のどちらかの立場に偏らない不偏性が求められていると理解しながら、当事者が問題を解決できるよう現実的な支援を行うことにある。

　メディエーターには紛争を理解し、当事者との間に信頼関係を構築して問題解決へ導くよう当事者に気づきを促す必要があることから、対話を円滑に行うスキルが求められる。具体的には紛争を理解するためにIssue（争点）、Position（立場）、そして、Interest（要求）に焦点を当て、解決への道筋を見つけ出すIPI分析が用いられることが多い。また、PositionやInterestは、気づきを促すことにより当事者が当初考えていたこととは変わることも多いので、それを促しつつ当事者双方が同じInterestであることに気づくことが大切である。ただし、そのような気づきは対話から生まれるので、それを促進させるためにメディエーターは当事者との間に信頼関係を構築することが求められる。よって当事者の話にじっくりと耳を傾ける行動が大切となり、そのスキルを傾聴と言い、医療従事者には必携と言える。

問題 1　組織のリスクマネジメントについて、次の選択肢のうち誤っているものを1つ選べ。

[選択肢]

①ラリーは、リスクを損害発生の可能性として捉え、デンジャー（danger）とペリル（peril）は損害を生じさせる作用、ハザード（hazard）は損害発生の可能性を高める条件としている。

②発生確率、発生した場合に悪い結果が発生する確率、悪い結果の重大さの3つの組み合わせをリスクレベルと言う。

③一般的に人は集団内のメンバーと同じ行動をとろうとする斉一化傾向があり、その結果、人の行動や態度が変化する集団思考を同調と呼ぶ。

④ノーマンは、ヒューマンエラーとなる一連の行動を計画（意図の形成）の段階と実行の段階の2つに分け、計画段階の間違いをスリップ（slip）、実行段階の間違いをミステイク（mistake）と呼んだ。

⑤危険感受性を高める訓練には、危険（K）・予知（Y）・トレーニング（T）を意味するKYTや、航空業界を発端としたCRM（Crew Resource Management）がある。

解答 1　④

解説 1

①○：すなわち、ハザードとは、偶然や運といった意味が含まれ、必ずしも悪い結果につながるとは言い切れない。医療の中では事故発生の可能性を高める環境、事象、要因などを指す。

②○：状況が複雑ではない場面では、ハザードを特定しやすいが、患者の疾患や症状、薬剤などが多岐にわたり、多くの専門知識や判断を要するような場合はハザードを特定しづらい傾向がある。

③○：同調は組織にとってプラスに働くことが多く、組織が協力して何かを成し遂げようとするときには同調への圧力が組織力を高めることは多い。しかし、同調は時として組織を誤った方向に導くことがある。

④×：スリップ（slip）とミステイク（mistake）の説明が逆である。ミステイクはルールに従って実行しても発生する、計画自体に原因があるエラーであり、スリップはボタンの押し間違いなど、うっかりミスと呼ばれるもので、実施者の注意減少・混乱が原因とされる。

⑤○：イラストや写真や動画を用いて、そこに潜んでいる危険な要因に気づく知覚能力を養う訓練法がKYTで、ストレスに対する人間の脆弱性とヒューマン・エラーの性質、ならびにエラー対策などを含み、チームワークの醸成と問題解決、効果的な情報伝達などを目的としたのがCRM（Crew Resource Management）である。

第12章

労務管理と労働関連法規

1 労務管理とは
2 労働関連法規

労務管理とは

1　労務管理の目的

　広義の人的資源管理における労務管理は、「組織活動の担い手である職員を採用から退職まで管理する人事管理」と「企業の目標達成に向けて、労働力を効率的に運用するために経営者が行う諸方策である労使関係の調整」の2つを合わせたものである。

　資本主義社会では、あらゆるものが商品となるので医療スタッフ等の労働力も病院間の市場で転職等によって流通する。つまり、たとえば、医師であれば診断治療行為など、職員の多くは生活を営むために、自分の持つ労働力を商品として患者である消費者に提供し、病院等の母体組織に収益をもたらす。

　一方の母体組織は、多くの場合、時間決めでその労働力を主に賃金を支払って雇用というかたちで購入する。この労働者である医師・看護師などの労働力の売り手と病院などの母体組織である買い手は、近代国家では束縛のない自由な取引契約によって結ばれる。

　この自由な労働力の交換という視点から人的資源管理を考えてみると、買い手である病院などの母体組織は、たとえば、フレックスタイム制の導入、残業などによる労働時間の延長、人事考課制度の導入など、購入した労働力の量と質を管理して限られた労働力を最も有効的・効率的に活用し、できるだけ多くの生産性によって利益を獲得しようとする動機付け（インセンティブ）の機能を発揮しなければならない。

　一方で、病院などの母体組織側が、医師・看護師などの労働者側に動機付けを行えば行うほど、その副作用として人事管理の強化に対する医療スタッフに不満が生まれやすい。よって病院等の母体組織側はその不満への対処など、動機付けと同時に職場の秩序を維持（メンテナンス）する機能を持たねばならないので、従来型の労務管理は、この動機付けと職場秩序の維持の2つの機能をバランスよく維持することに力点が置かれていた。

2　動機付け（インセンティブ）施策

　動機付け（インセンティブ）は、労働力の質と量を有効的・効率的に活用するために職員に動機付けを行うことである。広義には、募集、選考、採用、配置、異動、能力開発、人事考課、昇進、昇格、休職、退職、解雇などが含まれる。特に公的資格者集団である病院

においては、専門職、技術職の医療法などで定められた一定基準以上の人数を満たすための努力が重要な課題となる。

キャリア志向の高い医療専門職の採用にあたっては、ジョブ・ローテーション（Job Rotation）、OJT、Off-JT、集合研修、自己啓発制度、キャリア・カウンセリング、早期選抜育成制度、CDP（キャリア開発プラン）などの教育・訓練の仕組みを院内外に整備することが、求人対策上大きな魅力となる。

また、賃金管理や休日、休暇、労働時間などの管理は労働者の最も関心の高い領域である。具体的施策として、年齢給、職能給、職務給、業績給、成果給、手当制度、一時金（賞与）、年俸制、付加給付（ベネフィット）、週休2日制、フレックスタイム制、休暇制度、交代制、裁量労働制、変形労働時間制、加えて労働衛生、労働災害、福利厚生、最近ではメンタルヘルス、セクシャル・ハラスメント対策など労働環境の管理が含まれる。

このように人事管理は、労働者の能力と適性の発見、不足な部分の研修などによる育成・開発、採用した労働者を適材適所に配置、仕事の出来映えの適切な評価によってモチベーションを引き出して職場の活性化を図ることを目的としている。

3 　職場秩序の維持（メンテナンス）施策

労使関係管理とは、利害が衝突しやすい労使の敵対関係を緩和し、労使の協力・共同関係のベクトルを合わせることで、労働力の有効的・効率的な活用を補完するものである。

具体的には、労使がともに守らなければならない就業規則の整備、労働組合との団体交渉、労働協約、苦情処理制度やハラスメント対応、企業福祉諸施策などである。経営サイドとしては、労働者の利害を代表する労働組合に対して、それを一定承認しつつもさまざまな手段を介して懐柔する必要がある。組織内に組合がない場合には、組合に代わって従業員代表制などを設け、労使担当者が直接に職員の不安を吸収するなど労働条件の整備を行う。

② 労働関連法規

1 労働法

　労働法とは、労働関係および労働者の地位の保護・向上を規制する法の総称であり、個別的労働関係法として、労働契約法、労働基準法、労働安全衛生法、男女雇用機会均等法、パートタイム労働法、育児介護休業法、最低賃金法がある。

　また、使用者と労働組合との関係についての集団的労働関係に関する主な法律としては、労働組合法、労働関係調整法が、さらに個別的労働紛争の簡易な解決を目指す労働争議法として労働審判法がある。そして、労働市場に関する労働市場法（雇用保障法）として、職業安定、雇用保険法、労働者災害補償保険法、労働者派遣法がある。

2 労働契約法

　労働契約法では、雇用される側（労働者）と雇用する側（使用者）が結ぶ基本的な理念および労働契約に共通する労使対等の原則、均衡考慮の原則、仕事と生活の調和への配慮の原則、信義誠実の原則、権利濫用の禁止の原則を示したものである。

■（1）就業規則による労働契約の内容の変更

　使用者は、就業規則の変更によって一方的に労働契約の内容である労働条件を労働者の不利益に変更することはできないことを確認的に規定したうえで、就業規則の変更によって労働契約の内容である労働条件が変更後の就業規則に定めるところによるものとされる場合を明らかにしている。

■（2）労働契約の継続および終了

　出向、懲戒、解雇において、使用者の権利濫用に当たる出向命令や懲戒、解雇は無効となることを明らかにしている。

■（3）期間の定めのある労働契約

　契約期間中はやむを得ない事由がある場合でなければ、解雇できないことを明確化する

とともに、契約期間が必要以上に細切れにならないよう、使用者に配慮を求める等の内容が規定されている。また、有期労働契約が通算5年を超えて繰り返し更新されたときは、労働者の申し込みにより、期間の定めのない労働契約(無期労働契約)に転換できる。

3 労働基準法

労働基準法は、労働に関する規制等を定める法律で、労働組合法、労働関係調整法とともに、いわゆる労働三法の1つである。日本国憲法第27条第2に基づき、労働者が人たるに値する生活を営めることを目的として、たとえば、1日の労働時間や残業手当、給与の支払い、年次有給休暇など、必要な労働条件の最低基準を定めている。

病院はこの法律が定める基準を満たす必要があり、基準を下回る場合は罰則が課せられる。ただし、一般職の国家公務員や地方公務員に関しては、国家公務員法や地方公務員法の適用を受けるため、労働基準法の全部または一部が適用されなかったりするので注意が必要である。

(1)労働契約の期間

賃金は、労働契約の方法によってその支給方法が異なり、その労働契約は、雇用の期間が重要な条件設定となる。特に近年は、契約職員など有期労働契約を交わすケースが増えているので十分な理解が必要となる。

①有期労働契約の上限

契約期間に定めのある労働契約(有期労働契約)の期間は、原則として上限は3年とされる。なお、専門的な知識等を有する労働者、満60歳以上の労働者との労働契約については、上限が5年とされている。

②契約締結時の明示事項等

病院は、有期労働契約の職員に対して契約の締結時にその契約の更新の有無を明示しなければならない。また、更新する場合があると明示したときは契約を更新する場合の判断の基準を、有期労働契約を変更する場合には職員に対して速やかにその内容を明示しなければならない。

③雇止めの予告

もし契約を更新する旨を明示していた有期労働契約を更新しない場合には、少なくとも契約の期間が満了する日の法令で定められた期日前までに、その予告をしなければならない。雇止めの予告後に職員が雇止めの理由について証明書を請求した場合は、遅滞なくこれを交付しなければならない。

▌(2)労働条件の明示

　病院が職員を採用するときは、賃金・労働時間その他の労働条件について書面などで次の事項を明示しなければならない。

・労働契約の期間に関すること
・仕事の場所と従事する仕事の内容に関すること
・始業と終業の時刻、所定労働時間を超える労働の有無、休憩時間、休日、休暇、交替制勤務をさせる場合は就業時転換に関すること
・賃金(退職手当および臨時に支払われる賃金等を除く)の決定、計算と支払いの方法、賃金の締切りと支払いの時期に関すること
・退職に関すること(解雇の事由を含む)

　もし明示された労働条件が事実と相違している場合、職員は即時に労働契約を解除することができる。

▌(3)解雇に関する事項

①解雇の予告

　職員を解雇しようとする場合は、法令で定められた期日前までに予告するか、法令で定められた一定日数分以上の平均賃金を支払わなければならない。

②解雇をする場合

　病院は解雇権濫用ではなく、やむを得ない状況においては、法令で定められた期日以上前に解雇予告、または法令で定められた一定日数分以上の平均賃金を払えば解雇の労働基準法違反とならない。

③解雇予告等が除外される場合

　天災事変、その他やむを得ない事由で事業の継続が不可能となり、所轄の労働基準監督署長の認定を受けたとき、労務者の責に帰すべき事由によって解雇するときで、所轄の労働基準監督署長の認定を受けたとき、もしくは、もともと解雇予告等が除外されている場合は解雇予告等が除外される。

④解雇権濫用法理

　解雇権濫用法理とは、1975(昭和50)年4月25日の最高裁判決の日本食塩製造事件において示されたものである。この判決では、使用者の解雇権の行使も、それが客観的に合理的な理由を欠き、社会通念上相当として是認することができない場合には、権利の濫用として無効になると解するのが相当であると判示された。

　これを受け、解雇は、客観的に合理的な理由を欠き、社会通念上相当であると認められない場合は、その権利を濫用したものとして、無効とするとの規定が設けられ、法律で明文化されている。

▍(4)賃金の支払い

賃金は、通貨で、全額を、職員に直接、毎月１回以上、一定期日を定めて支払わなければならないとし、これを賃金支払いの５原則と呼ぶ。賃金から税金、社会保険料等法令で定められているもの以外を控除する場合には、職員の過半数で組織する労働組合か職員の過半数を代表する者との労使協定が必要となる。

▍(5)労働時間

病院は、職員に、休憩時間を除いて１日および１週間に法令で定める時間を超えて労働させてはいけない。ただし、事業場の規模が一定未満の商業・映画演劇業・保健衛生業・接客娯楽業については、特例が認められている。

①１か月単位の変形労働時間制

１か月単位の変形労働時間制とは、１か月以内の一定の期間を平均し、１週間の労働時間が法令で定める時間以下の範囲内において、特定の日や週について１日および１週間の法定労働時間を超えて労働させることができる制度である。

②フレックスタイム制

フレックスタイム制とは、１か月以内の一定期間の総労働時間を定めておき、職員がその範囲内で各日の始業および終業の時刻を自主的に決定して働く制度である。フレックスタイム制を採用するには、就業規則、その他これに準ずるものにより、始業および終業の時刻を職員の決定に委ねることを規定すること、また、労使協定において、対象となる職員の範囲、清算期間、清算期間中の総労働時間、標準となる１日の労働時間などを定めることが必要である。

③１年単位の変形労働時間制

１年単位の変形労働時間制とは、季節により業務に繁閑のある事業場において、繁忙期に長い労働時間を設定し、かつ、閑散期に短い労働時間を設定することにより効率的に労働時間を配分して、年間の総労働時間の短縮を図ることを目的に設けられたものである。労使協定を締結し、所轄労働基準監督署長に届け出ることにより、１年以内の一定期間を平均し、１週間の労働時間を法令で定める時間以下の範囲内にした場合、特定の日や週について１日および１週間の法定労働時間を超えて労働させることができる。

④１週間単位の非定型的変形労働時間制

１週間単位の非定型的変形労働時間制とは、事業規模が一定人数未満の小売業、旅館、料理・飲食店の事業において、労使協定により、１週間単位で毎日の労働時間を弾力的に定めることができる制度である。

⑤事業場外労働のみなし労働時間制

職員が事業場外で労働し、労働時間の算定が困難な場合には、所定労働時間労働したも

のとみなされ、その業務を行うためには、通常所定労働時間を超えて労働することが必要となる場合には、「当該業務の遂行に通常必要とされる時間」または労使協定で定めた時間労働したものとみなされる。

⑥「36協定」の締結

法定の労働時間を超えて労働(法定時間外労働)させる場合、または、法定の休日に労働(法定休日労働)させる場合には、あらかじめ労使で書面による協定を締結し、これを監督署長に届け出ることが必要である。この協定が法第36条に規定されていることから通称36協定という。

⑦裁量労働制

裁量労働制とは、業務の性質上その遂行の手段や時間の配分などに関して使用者が具体的な指示をせず、実際の労働時間数とはかかわりなく労使の合意で定めた労働時間数を働いたものとみなす制度である。具体的には、次の2種類がある。

・専門業務型裁量労働制……デザイナー、システムエンジニアなど専門的な業務に就く者が対象
・企画業務型裁量労働制……事業運営の企画、立案、調査および分析の業務を行うホワイトカラー

(6)時間外労働・割増賃金

時間外、深夜、法定休日労働をさせた場合は割増賃金を支払う必要がある。割増賃金の計算の基礎となる賃金には、家族・通勤手当、別居手当、子女教育手当、臨時に支払われた賃金、住宅手当等は算入せず、割増賃金等の計算の基礎になる賃金に含まれるかどうかは名称ではなく内容により判断される。

(7)休憩・休日

病院は、法令で定める労働時間に対して一定時間以上の休憩を与えなければならない。なお、休憩時間については、労働時間の途中に与えること、自由に利用させること、一斉に与えることの3つの原則がある。

休日とは、労働契約上、労働義務のない日のことで、原則として暦日(午前0時～午後12時の24時間)の休みである。例外として3交代制等の特殊な場合のみ継続24時間の休みでも可である。また、病院は職員に少なくとも毎週1日の休日か、4週間を通じて4日以上の休日を与えなければならず、4週4休を採用する場合は就業規則等により4週の起算日を明らかにし、できる限り休日を特定することが求められる。

(8)振替休日と代休の相違点

振替休日とは、あらかじめ定めてある休日を事前に手続きして他の労働日と交換するこ

とで、同一週内で振り替えた場合には通常の賃金の支払いでよい。ただし、週をまたがって振り替えた結果、週法定労働時間を超えた場合は時間外労働に対する割増賃金の支払いが必要となる。

　一方、代休とは、休日に労働させ、その代わりに後日休日を与えることで、あらかじめ休日が指定される振替休日ではないので、休日に労働した事実は消えない。したがって、休日労働に対する割増賃金の支払いが必要となり、代休日を有給とするか無給とするかは就業規則等の規定による。

▌(9)年次有給休暇

　職員が入職から6か月間継続勤務し、その期間の全労働日の8割以上出勤していれば、その労働者には10労働日の年次有給休暇を付与しなければならない。また、その後、1年間継続勤務し、その期間の出勤率が8割以上であれば、11労働日の年次有給休暇を付与することが必要である。以降も同様の要件を満たせば、最多10日までの付与日数の年次有給休暇が発生する。

　また、所定労働日数の少ないパートタイム労働者であっても、所定労働日数に応じて定められている1日から15日までの年次有給休暇を与えなければならない。さらに、使用者は、年次有給休暇の付与にあたっては、以下に留意する必要がある。
・年次有給休暇の利用目的によって、その取得を制限することはできない。
・労働者から年次有給休暇の請求があった場合には、原則としてこれを拒めない。ただし、事業の正常な運営を妨げる場合には、これを他の時期に変更することができる。
・年次有給休暇の買い上げの予約をし、これに基づいて休暇の日数を減じたり、請求された日数を与えないことは法違反となる。
・使用者は、労働者が年次有給休暇を取得したことによって、労働者に対し賃金の減額その他の不利益な取り扱いをしないようにしなければならない。

▌(10)就業規則の作成

　常時法令で定める人数以上の労働者を使用している病院では、就業規則を作成し、当該事業場に職員の過半数で組織する労働組合がある場合には、その労働組合、そうした労働組合がない場合には職員の過半数を代表する者の意見書を添えて、所轄の労働基準監督署長に届け出なければならない。

①必ず記載しなければならない事項

　始業および終業の時刻、休憩時間、休日、休暇並びに交替制の場合には就業時転換に関する事項、賃金の決定・計算および支払いの方法・賃金の締切りおよび支払いの時期ならびに昇給に関する事項、退職に関する事項

②定めをする場合は記載しなければならない事項

　退職手当に関する事項、手当・賞与・最低賃金額、食費・作業用品等を負担、安全・衛生、職業訓練、災害補償、業務外の傷病扶助、表彰、制裁など

4　労働安全衛生法

　労働安全衛生法（労安衛法）は、職場での労働者の安全と健康を確保し、快適な職場環境の形成を促進することを目的としている法律である。労働災害を防止するための労働者を危険から守るための安全衛生管理体制についても決まりが設けられており、機械や危険物、有害物に関する規制、労働者に対する安全衛生教育などについて定められている。

　また、職場におけるその責任の所在についても明らかにすべく、委員会の設置や責任者の選任についても義務付けている。労働安全衛生規則の通則では、担当者・責任者等の人の役割と組織体制について規定されている。

　選任すべき役割と設置すべき組織には、総括安全衛生管理者、衛生管理者、産業医、安全管理者、安全衛生推進者および衛生推進者、統括安全衛生責任者、元方安全衛生管理者、店社安全衛生管理者および安全衛生責任者、危険有害作業ごとの作業主任者の選任・衛生委員会、安全委員会がある。

　労働安全衛生法では、労働者に対する安全基準についても規定されており、安全衛生教育は、新たに労働者を雇い入れ、または労働者の作業内容を変更した際に、職場で使用する機械や原料等の危険性、有害性、また、これらの取り扱い方法に関する説明等を遅滞なく行う必要がある。

　他にも事業者は安全基準の一環として安全装置、有害物抑制装置、保護具の性能や取り扱い方法、作業手順、点検についても詳細に指導する必要がある。

　また、業務を行うことで起こり得る疾病に関することや事故時の退避方法、整理整頓、清潔の保持など、労働者が職務に従事することで起こり得るリスクの回避を目的とした安全基準を守ることが求められる。加えて、衛生基準があり、労働者が安全に、衛生的に職務に従事できる環境を整えるよう、次のことが定められている。

・事業者は労働者が有効に利用できる休憩の設備を設けるように努めなければならない。
・事業者は著しく暑熱、寒冷、多湿の作業場、有害ガス、蒸気、粉塵が発散する作業場やその他の有害な作業場において、作業場外に休憩の設備を設ける必要がある。
・事業者は坑内の作業場において衛生上必要な分量の空気を坑内に送給するために、通気設備を設けなければならない。
・事業者は労働者を常時就業させる場所での照度を、精密な作業は300ルクス以上、普通の作業は150ルクス以上、粗な作業は70ルクス以上の基準に適合させる必要がある。
・産業医は少なくとも毎月1度は作業場等を巡視し、作業方法や衛生状態に有害なおそれが

ある場合はただちに労働者の健康障害を防止するために必要な措置を講じる必要がある。

・危険物や有害物に関しては囲いを設け、防毒マスクと粉塵マスクで覆って作業すること。

その他にも気温や湿度の調節、照明設備の定期点検、夜間労働者の睡眠や仮眠設備の設置、労働者の清潔保持義務等が細かく規定されている。

5　労働者災害補償保険法

労働者災害補償保険（労災保険）とは、業務上の災害または通勤上の災害によって負傷、病気、障害、死亡した場合に、労働者やその遺族のために必要な保険給付を行う制度である。労働者を1人でも使用する事業（個人経営の農業、水産業で労働者数5人未満の場合等は除く）は、適用事業として労災保険法の適用を受けることになり、保険料を納付しなければならない。また、保険料は全額事業主の負担となる。

労災保険の対象となる労働者とは、正社員、パートタイマー、アルバイト等、雇用形態に関係なく、使用されて賃金を支給される人すべてである。労働者以外は対象とならないが、中小企業事業主、大工・左官などの一人親方等とその家族従業者などは申請によって特別加入できる。

労災保険の給付には、医療機関で療養を受けるときの療養（補償）給付、傷病の療養のため労働することができず、賃金を受けられないときの休業（補償）給付、障害が残ったときの障害（補償）給付、長期療養が必要なときの傷病（補償）給付、介護が必要なときの介護（補償）給付、死亡したときの遺族（補償）給付、葬祭給付がある。また、事業主が実施する定期健康診断等の結果、一定の項目について異常の所見が認められるときの二次健康診断等の給付がある。

6　雇用保険法

雇用保険は、労働者の生活および雇用の安定と就職の促進のために、失業した人や教育訓練を受ける人等に対して失業等給付を支給する制度である。1週間の所定労働時間が20時間以上あって31日以上の雇用見込みがあることの2つの要件に該当する労働者は、事業所の規模にかかわりなく、原則としてすべて雇用保険の被保険者となる。

雇用保険の保険料は、労働者本人と使用者が支払い、国庫負担がある。雇用保険の受給要件は、就職しようとする意思があり、いつでも就職できる能力があるにもかかわらず、職業に就くことができない状態にあること、離職の日以前2年間に被保険者期間が通算して12か月以上あることが必要となる。雇用保険の給付には、基本手当、技能修得手当、寄宿手当、傷病手当の求職者給付、ならびに就職促進給付、教育訓練給付、高年齢雇用継続給付、育児休業給付、介護休業給付の雇用継続給付がある。

問題 1　労働基準法について、次の選択肢のうち誤っているものを１つ選べ。

［選択肢］

①契約期間に定めのある労働契約（有期労働契約）の期間は、原則として上限が３年とされている。

②採用時に明示された労働条件が事実と相違している場合、職員は即時に労働契約を解除することができる。

③病院は、やむを得ない状況においては、法令で定められた期日以上前に解雇予告、または法令で定められた一定日数分以上の平均賃金を払えば、客観的に合理的な理由がなくてもいつでも職員を解雇できる。

④賃金は、通貨で、全額を、職員に直接、毎月１回以上、一定期日を定めて支払わなければならないとし、これを賃金支払いの５原則と呼ぶ。

⑤法定の労働時間を超えて労働させる場合、または、法定の休日に労働させる場合には、あらかじめ労使で書面による協定を締結し、これを監督署長に届け出ることが必要である。

確認問題

解答 1　③

解説 1

①○：契約期間に定めのある労働契約（有期労働契約）の期間は、原則として上限が3年とされている。なお、専門的な知識等を有する労働者、満60歳以上の労働者との労働契約については、上限が5年とされている。

②○：病院が職員を採用するときは、賃金・労働時間、その他の労働条件について、書面などで必要事項を明示しなければならない。もし、明示された労働条件が事実と相違している場合、職員は即時に労働契約を解除することができる。

③×：法律で解雇は、客観的に合理的な理由を欠き、社会通念上相当であると認められない場合は、その権利を濫用したものとして、無効とするとの規定が設けられ明文化されている。

④○：賃金から税金、社会保険料等、法令で定められているもの以外を控除する場合には、職員の過半数で組織する労働組合か職員の過半数を代表する者との労使協定が必要となる。

⑤○：この協定が法第36条に規定されていることから、通称36協定という。

おわりに

　経営環境の変化が著しい病院において経営戦略や事業計画の必要性は高まるばかりであるが、その実現には第一線で患者と接する「ヒト」が機能して初めて成果が得られる。したがって、この「ヒト」の管理は病院経営にとって基本的かつ不可欠な要素である。

　本書は、「ヒト」のマネジメントが経営学の中でどのように発展し、今日に至っているかの歴史的な流れから学び始め、守備範囲を広げた組織論、組織行動論、労務管理論の要点を取り込みながら人的資源管理論の中核を成す「人事考課」や「賃金設計」の実務的な基本的知識を解説した。

　まとめとして各章の要点である以下について、今一度確認してもらいたい。

第1章　人的資源管理の概要

　終身雇用を前提とした従来型の日本的労務管理から今日の人的資源管理への変遷過程を理解することで、「動機付け（インセンティブ）」に主眼を置いている現代の人的資源管理の内容、機能、役割、全体システムについて学んだ。

第2章　組織と人的資源管理

　専門職が効率的な業務が行えるような分業と統合の連結システムをつくる組織デザインのタイプと特徴を学び、同時に個々の組織の中に宿る独自のガバナンスや組織文化について触れながら、近未来の進化した組織「ティール」などについても展望した。

第3章　モチベーション

　いかにして人がやる気を出し、行動につなげられるかのプロセスをマネジメントするのは人的資源管理の重要な目的の1つである。本章では、モチベーションのメカニズムの基礎的な理論を経営学誕生から今日的なワークエンゲージメントまで学び、その向上と維持するための方策を学んだ。

第4章　リーダーシップ

　優れたリーダーの養成は人的資源管理成功のカギを握っているといっても過言ではない。リーダーシップのあり方について、PM理論やSL理論などの古典的な理論からサーバント・リーダーシップやシェアド・リーダーシップ、フォロワーシップなど最新の諸理論まで正しく捉え直して、進化するリーダー育成方法について考えた。

第5章　プロフェッションとキャリア

　病院組織は、各部門の専門独立性が強く自律的に職務を遂行する典型的なプロフェッション組織である。特にプロフェショナルな人材は、自らの専門職としてのキャリア志向が強く、人的資源管理ではその開発が重要なテーマとなる。プロフェッションとキャリア

の基礎理論を結び付けて学び、医療人独特のキャリア開発型の人的資源管理の特徴を理解した。

第6章　病院組織の経済学

人的資源管理を経済学的な視点から学習した。特に労働力を商品として需要と供給をめぐる取引が行われる労働市場での賃金の役割を学び、失業や長時間労働の発生要因について理論的に学んだ。

第7章　人事評価制度

人的資源管理実務の中心となる人事評価について、特に多くの組織で採用されている職能資格制度について詳しく説明した。また、ヒトがヒトを評価するうえでの陥りやすいエラーとその防止策についても学んだ。

第8章　賃金制度

賃金は、スタッフの関心が最も高く、モチベーションへの影響も極めて大きい。賃金構成の基本を押さえ、昇格昇給の仕組みを学び、前章の人事考課制度との有効なリンク手法を解説した。

第9章　職務満足とストレス・マネジメント

特に病院組織はストレスの高い職場と言われる中、その対策と予防、対処方法等のストレス・マネジメントについて、コーピング、ソーシャル・サポート、帰属意識と職務満足を切り口として学んだ。また、新人職員が陥りやすいリアリティショック、バーンアウトに関する理解を深め、マインドフルネスや惨事ストレス・マネジメントなどの施策についても増補した。

第10章　働き方改革とダイバーシティ経営

医師をはじめ病院組織内の働き方改革とは、病院マネジメントの最も重要なテーマの1つとなっている中、第2版で新たに章立てして詳細に学んだ。とりわけ、厚生労働省の「医師の働き方改革に関する検討会」の報告書内容から、管理者・医師の意識改革、タスク・シフティング、タスク・シェアリング、ICT等の活用など、人的資源管理として取り組むべき施策について理解した。

第11章　組織のリスクマネジメント

医療サービスの安全・安心と質の保証に対する意識が高まる中で、組織的なヒューマン・エラー防止、インシデント・アクシデント対策が求められている。人的資源管理として各職員に組織のハザードを正しく認識させ、医療安全教育と学習支援を担う優れたリスクマ

ネジャーの養成によって、コンプライアンスを組織に定着させる方法について学んだ。

第12章　労務管理と労働関連法規

　24時間年中無休で多種多様な職能集団の労働環境を適切に維持するための病院版労務管理は、豊富な経験と特殊な知識が必要となるが、その応用展開ができるまでの基本的知識としての労働関連法規と職場環境に関する知識を学んだ。

　マサチューセッツ工科大学の社会心理学者で、人的資源管理にも影響を与えたレビン教授は「よい理論ほど実践的なものはない」と言った。本書による学びが読者によって医療経営の現場で活かされ、医療における人的資源管理の発展に寄与できることを期待し、結びとしたい。

　　　　　　　　　　　　　　　　　　　　　　　　　　　　　　米本　倉基

参考・引用文献

- 青木昌彦他(1985)『企業の経済学』岩波書店

- 井部俊子・中西睦子監修(2004)『看護組織論』日本看護協会出版社

- 井部俊子・中西睦子監修(2004)『看護における人的資源管理活用論』日本看護協会出版社

- 石村善助(1969)『現代のプロフェッション』至誠堂

- 岩森龍夫(1997)『現代経営学の再構築』東京電気大学出版局

- 今村知明他(2006)『医療経営学』医学書院

- 今井賢一他(1988)『ネットワーク時代の組織戦略第一法規出版

- 今井賢一他(1982)『内部組織の経済学』東洋経済新報社

- 家里誠一(2008)『医療・福祉複合時代のマネジメントと病院組織』大学出版部協会

- 伊丹敬之他(1993)『日本の企業システム２，組織と戦略』有斐閣

- 伊丹敬之他(2003)『ゼミナール経営学入門(第３版)日本経済新聞社

- 石川淳(2016)『シェアド・リーダーシップ：チーム全員の影響力が職場を強くする』中央経済社

- 猪飼周平(2010)『病院の世紀の理論』有斐閣

- 占部郁美編(1979)『組織のコンティンジェンシー理論』白桃書房

- 尾形裕也(2009)『看護管理者のための医療経営学』日本看護協会出版社

- 奥林康司(2003)『入門　人的資源管理』中央経済社

- 奥村昭博(1982)『日本のトップマネジメント』ダイヤモンド社

- 大前研一(1979)『マッキンゼー現代の経営戦略』プレジデント社

- 大湾秀雄(2017)『日本の人事を科学する』日本経済新聞社出版社

- 川渕孝一(2004)『進化する病院マネジメント』医学書院

- 金井壽宏・高橋潔(2004)『組織行動の考え方』東洋経済新報社

- 金井壽宏(2003)『経営組織』日経文庫

- 金井壽宏(1991)『変革型ミドルの探求：戦略・革新指向の管理者行動』白桃書房

- 加護野忠男(1980)『経営組織の環境適応』白桃書店

- 貝谷久宣他(2016)『マインドフルネス 基礎と実践』日本評論社

- 桑田耕太郎他(1998)『組織論』有斐閣

- 権丈英子(2019)『ちょっと気になる「働き方」の話』勁草書房

・権丈善一(2017)『ちょっと気になる医療と介護』勁草書房

・国際医療福祉大学医療経営管理学科編(2003)『医療・福祉経営管理入門』国際医療福祉大学出版会

・久保真人(2004)『バーウアウトの心理学』サイエンス社

・小林裕(2000)『人事評価制度‐産業・組織心理学エッセンシャルズ』ナカニシヤ出版

・経営哲学学会監修，吉原正彦編著(2013)『経営学史学会叢書Ⅲ　メイヨー＝レスリスバーガー』文眞堂

・産業・組織心理学会編(2009)『産業・組織心理学ハンドブック』丸善

・開本矢浩編著(2007)『入門　組織行動論』中央経済社

・斉藤精一(2005)『病院・施設の人事賃金制度の作り方』日本能率協会マネジメントセンター

・笹島芳雄(2008)『最新アメリカの賃金・評価制度』日本経団連出版

・田尾雅夫編(2010)『よくわかる組織論』ミネルヴァ書房

・田尾雅夫(1995)『ヒューマン・サービスの組織―医療・保健・福祉における経営管理』法律文化社

・田中滋編・古川俊治編集(2009)『MBAの医療・介護経営』医学書院

・猶本良夫，水越康介(2010)『病院組織のマネジメント』碩学叢書

・中島明彦(2009)『ヘルスケア・マネジメント―医療福祉経営の基本的視座』同友館

・日本看護協会出版会(2016)『看護業務基準2016版』

・野中郁次郎(1998)『組織と市場』千倉書店

・野中郁次郎(1978)『組織現象と理論と測定』千倉書房

・服部英治(2009)『最新　医療機関の人事・労務管理ハンドブック』日本法令

・真野俊樹(2009)『グローバル化する医療―メディカルツーリズムとは何か』岩波書店

・松尾睦(2009)『学習する病院組織―患者志向の構造化とリーダーシップ』同文舘出版

・三隅二不二(1984)『リーダーシップ行動の科学』有斐閣

・南隆男・角山剛・浦光博・武田圭太(1993)『組織・職務と人間行動 効率と人間尊重との調和』ぎょうせい

・山元昌之(1987)『現代病院組織概説』篠原出版

・山川隆一(2008)『労働契約法入門』日経文庫

・山内一信編著(2012)『入門医療経営情報学』同友館

・米本倉基(2017)『よくわかる看護組織論』ミネルヴァ書房

・米本倉基(2019)『病院管理学』同友館

・米本倉基，永池京子(2008)『人的資源管理を実践する看護管理者の教科書』日総研

・和田仁孝・中西淑美(2006)『医療コンフリクト・マネジメント』シーニュ

・渡辺三枝子(2003)『キャリアの心理学：働く人の理解』ナカニシヤ出版

・アロウ.K，村上泰亮訳(1999)『組織の限界』岩波書店

・K.アンドリウス(1965)『Business　Policy：Text and Cases』Harvard Business Scholl.

・M.ウェーバー，阿閉吉男・脇圭平訳(1987)『官僚制』恒星社厚生閣

・O.E.ウィリアムソン，浅沼萬里訳(1980)『市場と企業組織』日本許論社

・ヴルームV,H.，坂下昭宣・榊原清則・小松陽一・城戸康彰訳(1982)『仕事とモティベーション』千倉書房

・P.オースティン，大前研一訳(1990)『エクセレント・リーダー-超優良企業への情熱(上)(下)』講談社文庫

・J.ガルブレイズ他，岸田民樹訳(1989)『経営戦略と組織デザイン』白桃書店

・J.ガルブレイズ，梅津祐良訳(1980)『横断組織の設計』ダイヤモンド社

・クリス・アージリス，三隅 二不二・黒川正流訳(1969)『新しい管理社会の探求−組織における人間疎外の克服』産業能率短期大学出版部,

・J. D.クランボルツ・A. S.レヴィン，花田光世・大木紀子・宮地夕紀子訳(2005)『その幸運は偶然ではないんです』ダイヤモンド社

・J.クリビン，松浦秀明訳(1983)『ストラテジック・リーダーシップ』日本能率協会

・E. A. ゴッドマン(1916)『A Study in Hospital Etticiency』Boston, Mass, Privately printed.

・J.P.コッター，金井壷宏他訳(1984)『ザ・ゼネラルマネージャー』ダイヤモンド社

・A.コックス，小林薫訳(1987)『使命達成のリーダーシップ』ダイヤモンド社

・S.カウフマン，米沢富美子訳(1999)『自己組織化と進化の論理-宇宙を貫く複雑系の法則』日本経済新聞社

・C.クリステンセン，玉田俊平太監修，伊豆原弓訳(2001)『イノベーションのジレンマ―技術革新が巨大企業を滅ぼすとき』翔泳社,

・H.A.サイモン，松田邦彦他訳(1989)『経営行動』ダイヤモンド社

・J.S.サンフィリボ他，真野俊樹監訳(2006)『MBA式医療経営戦略ハンドブック』日本医療

・E.H.シャイン，梅津祐良・横山哲夫訳(2012)『組織文化とリーダーシップ』白桃書房

・E.H.シャイン，金井寿宏訳 (2005)『キャリア・アンカー　−自分のほんとうの価値を

発見しよう』白桃書房

・E.H. シャイン，金井寿宏訳 (2003)『キャリア・サバイバル - 職務と役割の戦略的プランニング』白桃書房

・E.H. シャイン，二村敏子・三善勝代 訳 (1991)『キャリア・ダイナミクス―キャリアとは，生涯を通しての人間の生き方・表現である』白桃書房

・W.B. シャウフェリ他，島津明人・佐藤美奈子訳 (2012)『ワーク・エンゲイジメント入門』星和書店

・ストーン，C.J. E. (1927)『Hospital organization and management (including planning and construction)』London: Faber & Gwyer.

・P. セルズニク，北野利信訳 (1963)『組織とリーダーシップ』ダイヤモンド社

・チャンブリス・D.F.，浅野祐子訳 (2002)『ケアの向こう側―看護職が直面する道徳的・倫理的矛盾』日本看護協会出版会

・A.D. チャンドラー Jr，鳥羽欣一郎他訳 (1979)『経営者の時代 (上・下)』東洋経済新報社

・デシ.E.L.，安藤延男・石田梅男訳 (1980)『内発的動機づけ - 実験社会心理学的アプローチ』誠信書房

・F. W. テイラー，上野陽一訳 (1957)『科学的管理法の原理』産業能率短期大学出版部

・デービッド.A.N. (1998)『組織変革のチャンピオン』ダイヤモンド社

・P.F. ドラッカー，上田惇生訳 (1995)『経営者の条件』ダイヤモンド社

・A. ドナベディアン，東尚弘訳 (2007)『医療の質の定義と評価方法』NPO 法人健康医療評価研究機構

・ハウス J.S, House, J. S., Umberson, D., & Landis, K. R. , 1988, Structures and processes of social support. Annual Review of Sociology

・バーナード C.I.，山本安次郎・田杉競・飯野春樹訳 (1968)『新訳 経営者の役割』ダイヤモンド社

・ハックマン，J. R. and G. R. オルドハム (1976), Motivation through the design of work: Test of a theory, Organizational Behavior and Human Performance, Vol. 16, No. 2, pp. 250-279.

・P. ハーシィー＆H・ブランチャード他，山本成二・山本あづさ訳 (2000)『入門から応用へ 行動科学の展開－人的資源の活用－』生産性出版刊

・P. ハーシー＆H. ブランチャート，山本成二他訳 (1980)『行動科学の応用』社会経済生産性本部

・F. ハーズバーグ，北野利信訳 (1968)『仕事と人間性：動機づけ - 衛生理論の新展開』東洋経済新報社

・ハンセン.S.S.，平木典子他監訳，乙須敏紀訳『キャリア開発と統合的ライフ・プランニング―不確実な今を生きる 6 つの重要課題』福村出版

・T. ピーターズ＆R. ウォーターマン，大前 研一訳(2003)『エクセレント・カンパニー』講談社

・J.H. ファイヨール，山本安次郎訳(1985)『産業ならびに一般の管理』ダイヤモンド社

・R. ブライアン(2007)，Evolving Organization, Integral Leadership Review 7 (3).

・P. ベナー，井部俊子訳(1996)『ベナー看護論　達人ナースの卓越性とパワー』医学書院

・H.A. ホーンシュタイン，梅津祐良訳(1987)『限界突破の発想-勇気あるリーダーをどう育てるか』ダイヤモンド社

・A.H. マズロー，金井壽宏監訳・大川修二訳(2002)『完全なる経営』日本経済新聞社

・A.H. マズロー，小口忠彦監訳(1972)『人間性の心理学』産業能率短期大学出版部

・マクエイカーン，M.T. (1935)『Hospital Organization and Management, 1edition, Physicians』Record Company

・マーチ.J.G ＆H.A. サイモン，土屋守章訳(1977)『オーガニゼーションズ』ダイヤモンド社

・D. M. マクレガー，高橋達男訳(1966)『企業の人間的側面』産業能率大学出版部

・マレー.E.J.，八木冕訳(1966)『動機と情緒』岩波書店

・メイヨー.E.，木村栄一訳(1967)『(新訳)産業文明における人間問題：ホーソン実験とその展開』日本能率協会

・F. ラルー，鈴木立哉訳(2018)『ティール組織－マネジメントの常識を覆す次世代型組織の出現－』英治出版

・ラリー. E.P, Lalley, E. P. ：Corporate uncertainty and risk management, Risk Management Society Publishing, 1982

・R. リッカード，三隈二不二訳(1968)『組織の行動科学』ダイヤモンド社

・F. J. レスリスバーガー著，野田一夫・川村欣也訳(1954)『経営と勤労意欲』ダイヤモンド社

・K. レヴィン，猪股佐登留訳(1956)『社会科学における場の理論』誠信書房

・D. ロレンス，津田達男他訳(1981)『マトリックス組織』ダイヤモンド社

・ローレンス＆ローシュ，吉田博訳(1977)『組織の条件適応理論』産業能率大学出版部

・E.E. ローラー，安藤瑞夫訳(1972)『給与と組織効率』ダイヤモンド社

索　引

[ろ]

[わ]

著者紹介

米本　倉基 (よねもと・くらもと)

藤田医科大学大学院医療マネジメント学分野教授

1962年生まれ。経営学修士（筑波大）、政策科学博士（同志社大）。外資系企業、銀行系シンクタンク、短大教授等を経て現職。四半世紀にわたって医療組織の経営コンサルティングおよび研究に従事し、豊富な実績を持つ。専門は医療政策・組織行動論。『よくわかる看護組織論』(ミネルヴァ書房)など著書・論文多数。

NOTE

NOTE

NOTE

NOTE

NOTE

医療経営士●中級【一般講座】テキスト6[第2版]

人的資源管理——ヒトは経営の根幹

2020年7月27日　第2版第1刷発行

著　　　者　米本　倉基
発 行 人　林　　　諄
発 行 所　株式会社 日本医療企画
　　　　　　〒104-0032　東京都中央区八丁堀 3-20-5　S-GATE 八丁堀
　　　　　　TEL 03-3553-2861（代）　http://www.jmp.co.jp
　　　　　　「医療経営士」専用ページ　http://www.jmp.co.jp/mm/
印　刷　所　図書印刷 株式会社

『医療経営士テキストシリーズ』全40巻

初　級・全8巻

（1）医療経営史——医療の起源から巨大病院の出現まで［第3版］
（2）日本の医療政策と地域医療システム——医療制度の基礎知識と最新動向［第4版］
（3）日本の医療関連法規——その歴史と基礎知識［第4版］
（4）病院の仕組み／各種団体、学会の成り立ち——内部構造と外部環境の基礎知識［第3版］
（5）診療科目の歴史と医療技術の進歩——医療の細分化による専門医の誕生、総合医・一般医の役割［第3版］
（6）日本の医療関連サービス——病院を取り巻く医療産業の状況［第3版］
（7）患者と医療サービス——患者視点の医療とは［第3版］
（8）医療倫理／臨床倫理——医療人としての基礎知識

中　級［一般講座］・全10巻

（1）医療経営概論——病院経営に必要な基本要素とは［第2版］
（2）経営理念・経営ビジョン／経営戦略——戦略を実行するための組織経営
（3）医療マーケティングと地域医療——患者を顧客としてとらえられるか
（4）医療ICTシステム——ヘルスデータの戦略的活用と地域包括ケアの推進［第2版］
（5）組織管理／組織改革——改革こそが経営だ！
（6）人的資源管理——ヒトは経営の根幹［第2版］
（7）事務管理／物品管理——コスト意識を持っているか？［第2版］
（8）病院会計——財務会計と管理会計
（9）病院ファイナンス——資金調達の手法と実務
（10）医療法務／医療の安全管理——訴訟になる前に知っておくべきこと［第2版］

中　級［専門講座］・全9巻

（1）診療報酬制度と医業収益——病院機能別に考察する戦略的経営［第5版］
（2）広報・広告／ブランディング——集患力をアップさせるために
（3）管理会計の体系的理解とその実践——原価計算の手法から原価情報の活用まで
（4）医療・介護の連携——これからの病院経営のスタイルは複合型［第4版］
（5）経営手法の進化と多様化——課題・問題解決力を身につけよう
（6）多職種連携とシステム科学——異界越境のすすめ
（7）業務改革——病院活性化のための効果的手法
（8）チーム医療と現場力——強い組織と人材をつくる病院風土改革
（9）医療サービスの多様化と実践——患者は何を求めているのか［第2版］

上　級・全13巻

（1）病院経営戦略論——経営手法の多様化と戦略実行にあたって
（2）バランスト・スコアカード——その理論と実践
（3）クリニカルパス／地域医療連携——医療資源の有効活用による医療の質向上と効率化
（4）医工連携——最新動向と将来展望
（5）医療ガバナンス——医療機関のガバナンス構築を目指して
（6）医療品質経営——患者中心医療の意義と方法論
（7）医療情報セキュリティマネジメントシステム（ISMS）
（8）医療事故とクライシスマネジメント——基本概念の理解から危機的状況の打開まで
（9）DPCによる戦略的病院経営——急性期病院経営に求められるDPC活用術
（10）経営形態——その種類と選択術
（11）医療コミュニケーション——医療従事者と患者の信頼関係構築
（12）保険外診療／附帯事業——自由診療と医療関連ビジネス
（13）介護経営——介護事業成功への道しるべ

※タイトル等は一部予告なく変更する可能性がございます。